Quick Guide

Reihe herausgegeben von
Springer Fachmedien Wiesbaden,
Wiesbaden, Deutschland

Quick Guides liefern schnell erschließbares, kompaktes und umsetzungsorientiertes Wissen. Leser erhalten mit den Quick Guides verlässliche Fachinformationen, um mitreden, fundiert entscheiden und direkt handeln zu können.

Jörg Ökonomou • Carsten Scherer

Quick Guide Rationalisierung von Inventur, Bestandskontrolle und -planung

Wie Sie Bestände, Bedarfsplanung und Disposition in Industrie und Handel verbessern

2., erweiterte Auflage

Jörg Ökonomou
Hamburg, Deutschland

Carsten Scherer
Lübeck, Deutschland

ISSN 2662-9240
ISBN 978-3-658-38604-7
https://doi.org/10.1007/978-3-658-38605-4

ISSN 2662-9259 (electronic)
ISBN 978-3-658-38605-4 (eBook)

Die Deutsche Nationalbibliothek verzeichnet diese Publikation in der Deutschen Nationalbibliografie; detaillierte bibliografische Daten sind im Internet über http://dnb.d-nb.de abrufbar.

Springer Gabler
© Der/die Herausgeber bzw. der/die Autor(en), exklusiv lizenziert an Springer Fachmedien Wiesbaden GmbH, ein Teil von Springer Nature 2018, 2023
Ursprünglich erschienen unter dem Titel: „Rationalisierung von Inventur und Bestandskontrolle" in der Reihe essentials
Das Werk einschließlich aller seiner Teile ist urheberrechtlich geschützt. Jede Verwertung, die nicht ausdrücklich vom Urheberrechtsgesetz zugelassen ist, bedarf der vorherigen Zustimmung des Verlags. Das gilt insbesondere für Vervielfältigungen, Bearbeitungen, Übersetzungen, Mikroverfilmungen und die Einspeicherung und Verarbeitung in elektronischen Systemen.
Die Wiedergabe von allgemein beschreibenden Bezeichnungen, Marken, Unternehmensnamen etc. in diesem Werk bedeutet nicht, dass diese frei durch jedermann benutzt werden dürfen. Die Berechtigung zur Benutzung unterliegt, auch ohne gesonderten Hinweis hierzu, den Regeln des Markenrechts. Die Rechte des jeweiligen Zeicheninhabers sind zu beachten.
Der Verlag, die Autoren und die Herausgeber gehen davon aus, dass die Angaben und Informationen in diesem Werk zum Zeitpunkt der Veröffentlichung vollständig und korrekt sind. Weder der Verlag, noch die Autoren oder die Herausgeber übernehmen, ausdrücklich oder implizit, Gewähr für den Inhalt des Werkes, etwaige Fehler oder Äußerungen. Der Verlag bleibt im Hinblick auf geografische Zuordnungen und Gebietsbezeichnungen in veröffentlichten Karten und Institutionsadressen neutral.

Lektorat/Planung: Catarina Gomes de Almeida
Springer Gabler ist ein Imprint der eingetragenen Gesellschaft Springer Fachmedien Wiesbaden GmbH und ist ein Teil von Springer Nature.
Die Anschrift der Gesellschaft ist: Abraham-Lincoln-Str. 46, 65189 Wiesbaden, Germany

Vorwort

Warum die zweite Auflage?

Seit der ersten Auflage in 2018 in der Reihe *essentials* hat sich die Welt geändert. Die Digitalisierung in Unternehmen ist rasant vorangetrieben worden – nicht zuletzt durch Anforderungen aufgrund der Pandemie-Vorschriften durch COVID-19. Ein radikales Umdenken in den Unternehmen hatte statt zu finden. Anstatt Präsenz am Arbeitsort wurde die Wohnung zum Arbeitsplatz. Zudem fielen immer mehr qualifizierte Arbeitskräfte aus, weil sie aufgrund einer Infektion in Quarantäne waren. Das, zusammen mit der generellen Knappheit von qualifizierten Arbeitskräften, musste zu neuen Überlegungen in den Unternehmen führen. Die Babyboomer – die geburtenstarke Generation vor dem „Pillenknick", der Einführung der Antibabypille – gehen derzeit in Rente. Zusammengenommen bedeutet dies, man muss, um die gesetzlichen und unternehmerischen Anforderungen in Einklang zu bringen, zunehmend auf Technik setzen. Nicht nur in der Produktion, sondern auch in der Verwaltung und der Prozesssteuerung. Manchmal – oh Wunder – lässt sich das sogar ergänzend kombinieren. Wie es im Bereich des Bestandsmanagements funktionieren kann, will dieses Buch darstellen. Dabei erhält erstmals auch die IT-gestützte Bestandsoptimierung eine eigene Betrachtung. Der erste Teil bezieht sich auf statistische Verfahren für Inventuren und Bestandskontrollen, er wurde von Jörg Ökonomou verfasst. Der zweite Teil zum Thema Bestandsoptimierung, Bedarfsplanung und Disposition wurde von Carsten Scherer verfasst. Im Text wird das generische Maskulinum verwendet, aber natürlich sind alle Geschlechter angesprochen.

> **Was Sie aus diesem Kapitel mitnehmen**
>
> - Abgrenzung von Inventur und Bestandskontrolle
> - Rechtliche Anforderungen an Stichprobeninventuren
> - Betriebliche und organisatorische Optionen für Stichprobeninventuren
> - Bestandskontrollen unter Risiko-Gesichtspunkten
> - Optimierte Bedarfsplanung und Disposition für Industrie und Handel

Hamburg, Deutschland   Jörg Ökonomou
Lübeck, Deutschland   Carsten Scherer

Inhaltsverzeichnis

Teil I Stichprobenverfahren in Inventur und Bestandskontrolle (von Jörg Ökonomou)

1	**Einleitung**	3
	1.1 Also: Was ist zu tun?	4
	1.2 Was ist zu gewinnen?	4
	1.3 Kernaspekte der Umstellung von Voll- auf Stichprobeninventuren	5
	1.4 War's das? Nein!	5
	1.5 Die Basis für effizientes Bestandsmanagement	6
2	**Abgrenzung Inventur und Bestandskontrolle**	7
	2.1 Inventur	8
	2.2 Bestandskontrollen	9
	2.3 Konsequenzen	10
3	**Plädoyer für statistische Verfahren**	13
	3.1 Glaub ich nicht	13
	3.2 Ehrenrettung der Statistik	15

4 Regelwerk zur Stichprobeninventur — 19
  4.1 Gesetzliche Regelung — 20
  4.2 Ergänzende Regelungen zur Stichprobeninventur — 21

5 Betriebliche Voraussetzungen für die Stichprobeninventur — 23
  5.1 EDV-verwaltete Bestände und zuverlässige Bestandsfortschreibung — 24
  5.2 Hinreichende Bestandssicherheit — 24
  5.3 Zertifiziertes Stichprobeninventursystem — 25

6 Arten und Optionen der Stichprobeninventur — 27
  6.1 Die Hochrechenverfahren — 28
  6.2 Der homograde Sequenzialtest — 29
  6.3 Organisationsoptionen der Stichprobeninventur — 31

7 Ablauf der Stichprobeninventur — 33
  7.1 Vorüberlegungen — 34
  7.2 Systemvorbereitung — 34
  7.3 Datenübernahme — 36
  7.4 Vorauswertung — 37
  7.5 Schichtenbildung (bei Hochrechenverfahren) — 38
  7.6 Ziehung der Stichproben und Zählung — 40
  7.7 Rückmeldung der Ergebnisse — 41
  7.8 Auswertung Hochrechenverfahren — 41
  7.9 Auswertung Sequenzialtest — 42
  7.10 Korrekturen — 42
  7.11 Inventurabschluss — 43
  7.12 Verbuchung der Differenzen — 44
  7.13 Inventurdokumentation — 44

8 Unterjährige Bestandskontrollen — 45
  8.1 Zielsetzung — 46
  8.2 Schwerpunkte bilden — 46
  8.3 Systemunterstützung — 47

9	**Beispiele aus der Praxis**	**49**
	9.1 Stichprobeninventur im Schraubenhandel	50
	9.2 Praxisbeispiel: Stichprobeninventur im Hochregallager	51
10	**Einführungsvorbereitung für die Stichprobeninventur**	**53**
	10.1 Checkliste zur Stichprobeninventur	54

Teil II Optimierte Bedarfsplanung und Disposition für Industrie und Handel (von Carsten Scherer)

11	**Einleitung**	**61**
12	**Motivation und Aufgabenstellung**	**65**
	12.1 Der beste Verkäufer ist der schlechteste Planer	66
	12.2 Persönliche Interessen beeinflussen Planung und Disposition	66
	12.3 Unser Unternehmen ist ganz individuell und funktioniert anders	68
	12.4 Transaktionssysteme können gut buchen aber schlecht rechnen	70
	12.5 Gegen Geld kann man nicht argumentieren	73
	12.6 Unabhängigkeit	74
	12.7 Aufgabenstellung	74
13	**Begriffe und Definitionen**	**77**
14	**Industrie- und Handelsmodelle**	**83**
	14.1 Allgemeines Industriemodell	84
	14.2 Abgeleitete Handelsmodelle	86
	14.3 Datenmodell und Datenstrukturen	87

15 Bedarfsplanung 101
15.1 Visualisierung der Massendaten und Prognosegenauigkeit 102
15.2 Pläne 105
15.3 Bedarfsprognose durch automatisierte Zeitreihenanalyse 108
15.4 Ausgewählte Basisverfahren der Zeitreihenanalyse 110
15.5 Prognose-Kombinationen und Auswahlverfahren 123

16 Disposition und Bestandsmanagement 137
16.1 Der Dispositionsregelkreis 139
16.2 Begriffe der Bestandssimulation 140
16.3 Der Sicherheitsbestand und wofür er gebraucht wird 141
16.4 Theoretischer Einfluss von Kosten auf den Bestand 146
16.5 ABC-DN/XYZ-0V – Analyse und Servicegradmatrix 149
16.6 Die Servicegradmatrix 155
16.7 Einzeldisposition und Verbunddisposition 158
16.8 Wichtige Prozesse in Planung und Disposition 163
16.9 Umgang mit Reservierungen und Großaufträgen 171

17 Organisation 175
17.1 Referenzorganisation 175
17.2 Supply Manager – SUMA 178
17.3 Empfehlungen für das Verhalten des Top-Managements 181
17.4 Kriterien für Auswahl von Planungs- und Simulationssystemen 183

Glossar 187

Literaturhinweise 205

Teil I

Stichprobenverfahren in Inventur und Bestandskontrolle (von Jörg Ökonomou)

1

Einleitung
Worum geht es?

Das sind ja ganz neue Methoden

> **Was Sie aus diesem Kapitel mitnehmen**
> - Warum sollen wir das, was wir schon immer so gemacht haben, ändern?
> - Dürfen wir das überhaupt?
> - Warum haben wir das nicht schon früher so gemacht?

Wie immer im Wirtschaftsleben: Es geht um Effizienz. Manche Dinge müssen aufgrund gesetzlicher Anforderungen getan werden und manche, um wirtschaftlichen Erfolg zu generieren. Mit so viel Aufwand wie nötig, und gleichfalls so wenig wie möglich. Dazu hat die Informationstechnologie in den letzten Jahrzehnten erhebliche Möglichkeiten eröffnet. Was heißt das nun für Inventuren und Bestandskontrollen? Waren früher Klemmbrett, Stift und Papier das Mittel der Wahl, auch aufgrund alter Vorschriften, hat sich die Zeit gewandelt. Klar kann man nach Altväter Sitte noch Zweierteams mit Papier und Stift in die Regale schicken – wenn man sonst nichts zu tun hat. Effizient, sicher und zeitgemäß ist es aber sicher nicht. Und Sicherheit bedeutet zunächst, Klarheit über den Bestand im Lager. Früher, zu Zeiten der Karteikarten, hatte der Chef vom Lager das Expertenwissen – wo liegt was in welcher Menge. Heute, da eine chaotische Lagerführung Standard ist, weiß nur das Lagerverwaltungssystem darüber Bescheid. Oder tut so. Denn, sind die verwalteten Daten falsch, sind natürlich auch die Auskünfte, und damit die Basis für Entscheidungen, falsch. Oder, flapsiger in einer alten IT-Regel gesagt: Bullshit in – Bullshit out.

1.1 Also: Was ist zu tun?

Zunächst ist es natürlich unabdingbar, dass man jederzeit einen verlässlichen Überblick über den Lagerbestand hat mit vertretbarem Aufwand. Kein Unternehmen kann durchgängig eine Vollaufnahme durchführen, auch die vielgerühmte permanente Inventur ist da wenig geeignet, weil sich der Bestand jederzeit verändert. Es kommen Bestände hinzu, die noch im Wareneingang liegen – also nicht im Regal. Ebenso wird Bestand entnommen, der zwar bereits als Entnahme verbucht ist, physisch aber noch vor Ort ist. Wird also das Zählergebnis – vernachlässigen wir mal Zähl- und Aufnahmefehler – ins System überführt, stimmt die Bestandsführung nicht mehr.

1.2 Was ist zu gewinnen?

Klar, verlässliche Stichproben-Inventursysteme, die zertifiziert sind und seit vielen Jahren in renommierten Unternehmen im Einsatz sind, haben ihren Preis. Das Gleiche gilt für Systeme zur Bestandsoptimierung. Aber: Beide amortisieren sich in der Regel sehr schnell, insbesondere die Inventursysteme meist im ersten Jahr. So gibt ein Anbieter von Stichprobeninventursystemen an, dass einer der Kunden mit den Stichprobenverfahren 450 Manntage pro Jahr einspart. Man kann es sich leicht selbst ausrechnen: Die Aufnahme einer Lagerposition (Teilmenge eines Artikels auf einen Lagerplatz) kostet zwischen 3 und 5 Euro (Vollkosten). Bei 10.000 Lagerpositionen kommt da jedes Jahr was zusammen.

1.3 Kernaspekte der Umstellung von Voll- auf Stichprobeninventuren

- **Digitalisierung** – Insbesondere die Pandemiesituation – aber eben nicht nur die – führt zur klaren Forcierung der Digitalisierung von Unternehmensprozessen. Auch Fachkräftemangel und Ausscheiden der Boomer durch Eintritt ins Rentenalter ist spürbar.
- **Sicherheit der Mitarbeiter** – Weniger Zählteams heißt auch weniger Personal vor Ort. Natürlich kann eine körperliche Bestandsaufnahme nicht vom Wohnzimmertisch aus erfolgen. Aber je weniger Mitarbeiter sich im Lager tummeln, desto sicherer.
- **Fachkenntnis** – Weniger Fachpersonal im Lager führt bei Aufnahmen schnell zu Fehlern, weil fachfremdes Personal hinzugezogen werden muss. Deren Fehler gehen dann auch zurück in die Systeme – und verfälschen die Bestandsdaten.
- **Zeitersparnis** – Inventuren bringen keinerlei Wertschöpfung für das Unternehmen, lediglich für Dienstleister wie etwa Wirtschaftsprüfer. Insofern gilt, Anforderungen erfüllen, soweit wie nötig – aber mit so wenig Aufwand wie möglich.

1.4 War's das? Nein!

Da war noch was. Die Jahresinventur macht Spaß wie ein Furunkel, man ist froh, wenn man sie los ist. Aber Bestandssicherheit ist eine ganz andere Disziplin. Die braucht man ganzjährig. Zuverlässig. Und das im laufenden Betrieb. Vielleicht schaffen es gerade noch Numismatiker (Münzenhändler) oder Briefmarkenhändler, den Bestand händisch jeden Tag zu prüfen. Ein modernes Industrieunternehmen sicher nicht. Hier verlässt man sich auf die Bestandführung im WWS – dem Warenwirtschaftssystem. Aber wie hieß es schon weiland im Sowjet-System? Vertrauen ist gut, Kontrolle ist besser. Also wie macht man es in effizienter Weise? Sie ahnen es – mit Stichprobenverfahren. Damit lassen sich die zur Inventur angeschafften Systeme auch für den rein internen Gebrauch nutzen. Wie, finden Sie im entsprechenden Kapitel dieses Buches.

1.5 Die Basis für effizientes Bestandsmanagement

Wie gesagt, verlässliche Bestandszahlen sind die Voraussetzung für eine verlässliche Planung. Aktuelle Systeme für Bestandsmanagement ersetzen reine Intuition durch berechenbare Planungsansätze. Aber sie sind angewiesen auf eine verlässliche Datenbasis. Stimmt diese, stimmen auch die Planungen. Hierzu geben die statistischen Verfahren zur Überprüfung der Bestandssicherheit eine nicht zu unterschätzende Hilfe. Mit geringem Aufwand lassen sie erkennen, ob die Plandaten der Realität entsprechen. Der vorliegende Praxisratgeber soll dazu beitragen, dass diese Methode bekannter wird und Vorbehalte abgebaut werden. Neben den fachlichen Grundlagen werden dazu vor allem die Praxisbeispiele beitragen. Ich wünsche spannende Lektüre und große Ersparnisse!

Ihr Transfer in die Praxis
- Machen Sie eine Bestandsaufnahme der aktuell angewendeten Verfahren für Inventuren und Bestandskontrollen.
- Identifizieren Sie auftretende Fehler und Defizite.
- Ermitteln Sie Personalaufwände und Kosten.
- Definieren Sie Optimierungsziele.

2

Abgrenzung Inventur und Bestandskontrolle
Alles Inventur oder was?

Zählen ist nicht gleich Inventur

Was Sie aus diesem Kapitel mitnehmen
- Die Inventur als gesetzliche Anforderung
- Bestandskontrolle als Teil des Risikomanagements
- Konsequenzen und ihre Bedeutung für die Praxis

„Wir machen Inventur, um einmal im Jahr unser Lager aufzuräumen." Diese Ansicht war und ist zum Teil immer noch im Hinterkopf, wenn der Begriff Inventur fällt. Dabei hat die Inventur eine ganz andere Aufgabe: Sie soll den Wert des (Umlauf-) Vermögens erfassen um dieses in den Jahresabschluss zu übernehmen. „Wir machen Inventur, um einmal im Jahr unser Lager aufzuräumen." Diese Ansicht war und ist zum Teil immer noch im Hinterkopf, wenn der Begriff Inventur fällt. Dabei hat die Inventur eine ganz andere Aufgabe: Sie soll den Wert des (Umlauf-) Vermögens erfassen um dieses in den Jahresabschluss zu übernehmen. Sie unterliegt klaren externen Regeln, deren Einhaltung etwa von

Wirtschaftsprüfern überwacht wird. Die Inventur ist rein wertorientiert. Bestandskontrollen hingegen dienen der Absicherung von Prozessen. Der Wert spielt eine untergeordnete Rolle, weil auch eine fehlende geringwertige Komponente den Geschäftsprozess erheblich stören kann. Wird ein Bestellzeitpunkt verpasst oder Disposition/Einkauf planen auf der Basis falscher Bestandsdaten, können die Folgen sehr unangenehm werden.

2.1 Inventur

Die Inventur dient der jährlichen Erfassung aller Vermögensgegenstände und Schulden, um das Handels- und Steuerrechtlich vorgeschriebene Inventar zu erstellen. Insbesondere beim Vorratsvermögen, also den Lagerbeständen, wird der Wert durch eine körperliche Bestandsaufnahme – etwa einer Stichtags-Vollinventur – ermittelt. Dabei gelten im Sinne der Grundsätze ordnungsmäßiger Buchführung (GoB) zahlreiche Regeln für die Inventurdurchführung, die unter Anderem vom Institut der Wirtschaftsprüfer (IDW) definiert wurden. Beispielsweise ist es nicht zulässig, auf den Zähllisten die Sollmengen mit anzugeben. Auch muss die Aufnahme durch „Inaugenscheinnahme", also durch eine tatsächliche Zählung, erfolgen – eine Aufnahme per RFID beispielsweise wäre nicht hinreichend. Allerdings gibt es verschiedene Optionen für Inventurerleichterungen, auf die auch im § 241 HGB hingewiesen wird. So sind zeitliche Abweichungen von der Stichtagsinventur zum Bilanzstichtag möglich (vgl. Arbeitsgemeinschaft für wirtschaftliche Verwaltung 2010, S. 13 ff.):

- Vor- oder nachgelagerte Vollaufnahme: Die Inventur darf im Zeitraum 3 Monate vor bis 2 Monate nach dem Bilanzstichtag erfolgen.
- Permanente Vollaufnahme: Die Aufnahme aller Artikel mindestens einmal im Jahr. Die Zählung kann über das Jahr verteilt werden.
- Einlagerungsinventur: Eine Sonderform der Permanenten Vollinventur für vollautomatische, rechnergestützte Lagersysteme. Jeder Zugang ist bei Einlagerung zu zählen, bei Teilentnahmen auch die Restbestände.

- Eine besondere Gruppe bilden die Verfahren der Stichprobeninventur. Hier wird die vollständige körperliche Aufnahme durch statistische Methoden ersetzt, die eine erhebliche Aufwands- und Fehlerreduzierung erlauben.

Bei allen Varianten der Inventurerleichterung muss eine verlässliche Bestandsfortschreibung zum Bilanzstichtag erfolgen.

2.2 Bestandskontrollen

Völlig losgelöst von gesetzlichen Regelungen und Vorgaben der Wirtschaftsprüfer unterliegen Bestandskontrollen ausschließlich betriebsinternen Regeln. Ziel ist hier nicht die wertmäßige Erfassung der Bestände, sondern die Absicherung der betrieblichen Prozesse. Daher ist in der Regel auch eine einmal im Jahr durchgeführte Aufnahme aller Bestände nicht hinreichend. Vielmehr sind kritische Bestände enger zu überwachen als unkritische. Dabei wird zunehmend der Ansatz der Bestandsoptimierung relevant. Hierbei geht es darum, die Bestände so zu fahren, dass möglichst wenig Umlaufvermögen im Lager festlegt. In der Konsequenz heißt das nichts anderes, als Sicherheitsbestände herunterzufahren – was aber die Prozesssicherheit nicht gefährden darf. Die Bestandssicherheit muss in jedem Fall gewahrt bleiben. Die zeitlichen und personellen Ressourcen für Maßnahmen zur Bestandssicherung sind üblicherweise begrenzt. Hier ist ein möglichst effizientes System gefragt. Eine erste und häufig anzutreffende Methode sind Null-Durchgangs- und Restmengenkontrollen. Hier wird der Bestand bei Entnahmen regelmäßig kontrolliert. Ob das jedoch ausreicht und zu den gewünschten Ergebnissen führt, muss überprüft werden. Deshalb sind Kontrollzählungen in bestimmten Intervallen unerlässlich. Im amerikanischen Raum wird dazu meist das sogenannte Cycle Counting angewendet. Die Bestände werden nach einer wertmäßigen ABC-Analyse aufgeteilt und je nach Cluster mehrfach im Jahr aufgenommen. Dieser Aufwand lässt sich jedoch nur betreiben, wenn zur Zählung die Sollmengen mitgegeben werden. Dieses Verfahren gilt in den Vereinigten Staaten als anerkannte

Inventur – in den meisten Ländern Europas hingegen nicht. Hier sind neutrale Zähllisten Vorschrift – auch in Deutschland. Wie sich die Idee des Cycle Countings dennoch in eine objektive und ressourcenschonende Systematik zur Bestandskontrolle übertragen lässt, zeigen wir in einem späteren Kapitel.

2.3 Konsequenzen

Inventuren sind unumgänglich, verursachen je nach Methode aber erhebliche Aufwände und Kosten. Zudem enthalten sie ein erhebliches Fehlerpotenzial:

- **Fachfremdes Personal im Einsatz:** Um das Zählvolumen einer Stichtagsinventur abzuarbeiten, werden häufig Mitarbeiter aus allen Abteilungen hinzugezogen, die sich nicht im Bestand auskennen.
- **Zählfehler sind vorprogrammiert:** Menschen sind nicht zum Zählen gemacht. Spätestens nach einigen Stunden lässt die Konzentration nach, Fehler sind die Folge.
- **Soll-Ist-Differenzen werden nur unzureichend geprüft:** Durch den üblicherweise vorhandenen Zeitdruck werden Differenzen oft nur ab einer bestimmten Wertabweichung überprüft, was auch dem Anspruch der Wirtschaftsprüfer nach der Wesentlichkeit entspricht. Differenzen in geringwertigen Bereichen werden hingegen oft ungeprüft verbucht. Wird eine permanente Vollinventur im laufenden Betrieb durchgeführt, können durch Zu- und Abgänge „künstliche" Differenzen entstehen, die aufwendig geklärt werden müssen. Hier ein paar Erfahrungswerte aus der Praxis, die natürlich von Betrieb zu Betrieb abweichen können: Bei den Zählergebnissen (Erstzählung) weisen bis zu 30 % der Positionen Differenzen auf. Bis zu 80 % der Differenzen basieren auf Zähl- und Aufnahmefehlern oder lassen sich aufklären. Die Klärung einer Differenz erfordert einen Aufwand im Faktor 5 zur Erstzählung. Somit kann insbesondere die Vollinventur am Ende das Gegenteil von „Aufräumen des Lagers" bedeuten.

2 Abgrenzung Inventur und Bestandskontrolle

Ihr Transfer in die Praxis
- Schaffen Sie Bewusstsein für die Unterscheidung bei Management und Belegschaft.
- Identifizieren Sie Probleme, die aufgrund von falscher Bestandsführung entstehen.
- Definieren Sie klare Ziele für die Überwachung der Bestandssicherheit.

3

Plädoyer für statistische Verfahren
Was steckt dahinter

Über Fake und Fakten

Was Sie aus diesem Kapitel mitnehmen
- Warum hat die Statistik häufig einen schlechten Ruf?
- Warum sie dennoch sehr genau sein kann.

3.1 Glaub ich nicht

Jeder hat es schon mal gehört: Traue keiner Statistik, die du nicht selber gefälscht hast. Und in der Tat ist es möglich, mit deskriptiver Statistik Sachverhalte zu suggerieren, die sich in der Realität ganz anders darstellen. So gibt es etwa Scheinkorrelationen: Sie suggerieren kausale Zusammenhänge, wo keine da sind. So kann der Rückgang der Zahl der Störche einen Zusammenhang mit dem Rückgang der Geburten aufzeigen. Glauben Sie das? Natürlich nicht. Andere Scheinkorrelationen sind jedoch weitaus schwerer sofort zu erkennen. Ein anderes Beispiel:

Schuhgröße und Einkommen. Hier zeigt sich, wer auf großem Fuß lebt, verdient mehr. Hintergrund: Weil Männer in der Regel größere Füße haben als Frauen, und Männer immer noch mehr verdienen als Frauen, gibt es hier natürlich einen Zusammenhang – aber es bringt nichts, sich die Füße verlängern zu lassen. Es ist also immer nötig zu schauen, was wird hier verglichen. Was ist die Datenbasis. Und ganz wichtig: Wer hat die Daten erhoben? In den 1970ern hatte der Comedian Otto dazu ein schönes Beispiel: „Die Wissenschaft hat erwiesen, dass Rauchen nicht schädlich ist. Gezeichnet: Dr. Marlboro". Oder die Nummer mit dem Mittelwert: Wenn man mit einem Bein im Eisblock steht, mit dem anderen im Ofen, hat man im Mittelwert angenehm warme Füße. Gerne auch genommen: Der Trick mit der Grafik. Abb. 3.1 suggeriert einen signifikanten Preisanstieg von t1 bis 14.

In Wirklichkeit beträgt der Preisanstieg lediglich 0,5 % (siehe Abb. 3.2).

Der Trick besteht darin, die Beschriftung der vertikalen Achse, also der X-Achse, nicht bei 0 beginnen zu lassen, sondern bei 1,22. Damit wirkt der Anstieg erheblich dramatischer. Immer wieder gern zur Unterstützung von Argumenten genutzt.

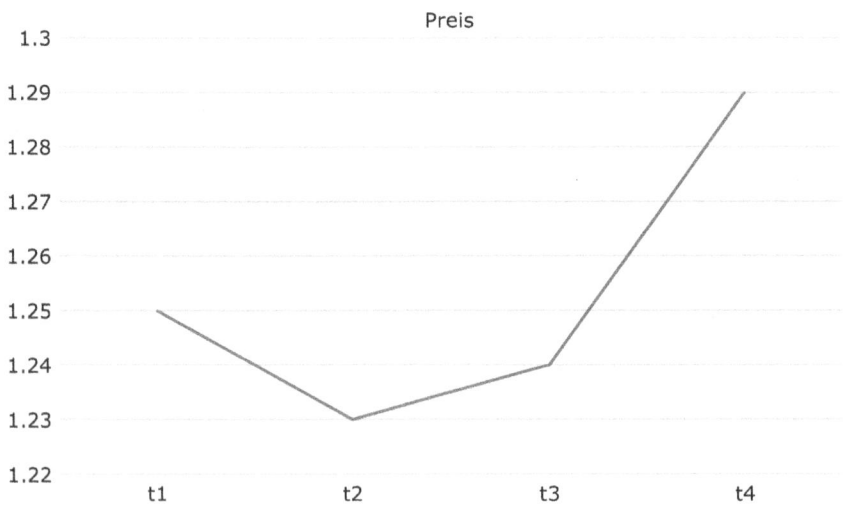

Abb. 3.1 Reduzierte X-Achse

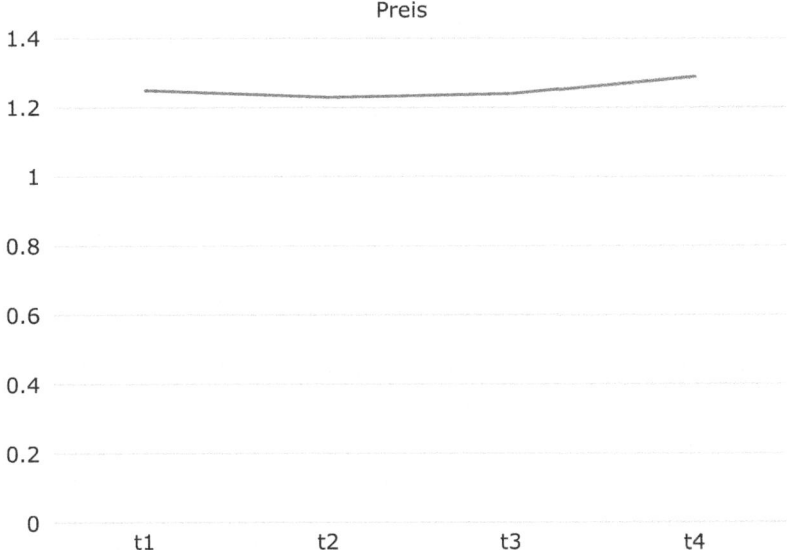

Abb. 3.2 Korrekte X-Achse

3.2 Ehrenrettung der Statistik

Wäre Statistik reiner Blödsinn, würde sie in Wissenschaft und Forschung keine so wichtige Rolle spielen. Ob in der Medizin, den Wirtschaftswissenschaften oder der Ermittlung von Zuschauerzahlen: Nichts davon käme ohne Statistik aus. Auch, wenn so mancher meint, wenn er eine Sendung im TV wegschaltet, würde das bemerkt: Das geschieht nur, wenn man ein entsprechendes Zusatzgerät der Gemeinschaft für Konsumforschung (GfK) installiert bekommen hat. Das betrifft gerade mal etwa 5640 Haushalte mit cirka 13.000 Personen. Daraus errechnet die GfK das Verhalten aller Zuschauer – und bestimmt so den Werbewert der einzelnen Sendungen. Und damit auch den Wert etwa von Moderatoren und Entertainern wie zum Beispiel Gottschalk. Aber auch in der Welt der Unternehmen ist die Statistik zuhause. Wirtschaftsprüfer verwenden sie für die Prüfung seit jeher, um Jahresabschlüsse zu evaluieren. Nun aber zum noch ausstehenden Beweis. Wir alle wissen es: Am Wahlabend um 18 Uhr schauen wir mit Spannung auf die erste Wahlprognose bei der

ARD oder dem ZDF. Und beide Sender liefern pünktlich. Dabei, und das weiß jeder, der schon einmal als Wahlhelfer gedient hat, wird um 18 Uhr erst die Flagge eingeholt und die Tür abgeschlossen. Niemand hat bis dahin auch nur eine Stimme gezählt (außer vielleicht die eigene). Dennoch sagt man uns voraus, wer denn nun das Rennen gemacht hat. Das Ergebnis verblüfft, wenn man die Prognose mit dem amtlichen Ergebnis vergleicht, in Abb. 3.3 am Beispiel der letzten Bundestagswahl im September 2021.

Man sieht, die Differenz der Prognose zum endgültigen Ergebnis liegt bei allen Parteien unter 1 %! Und dazu wurden etwa 3 % der Wähler nach dem Verlassen des Wahllokals befragt. Eine Möglichkeit zum Schummeln hatten die Statistiker also nicht. Na gut, es gab und gibt sicher Staaten, da steht das Wahlergebnis schon vor der Wahl fest. Unsere gute alte Bundesrepublik zähle ich aber nicht dazu. Nutzen wir also für unsere Inventuren und Bestandskontrollen auch dieses Werkzeug!

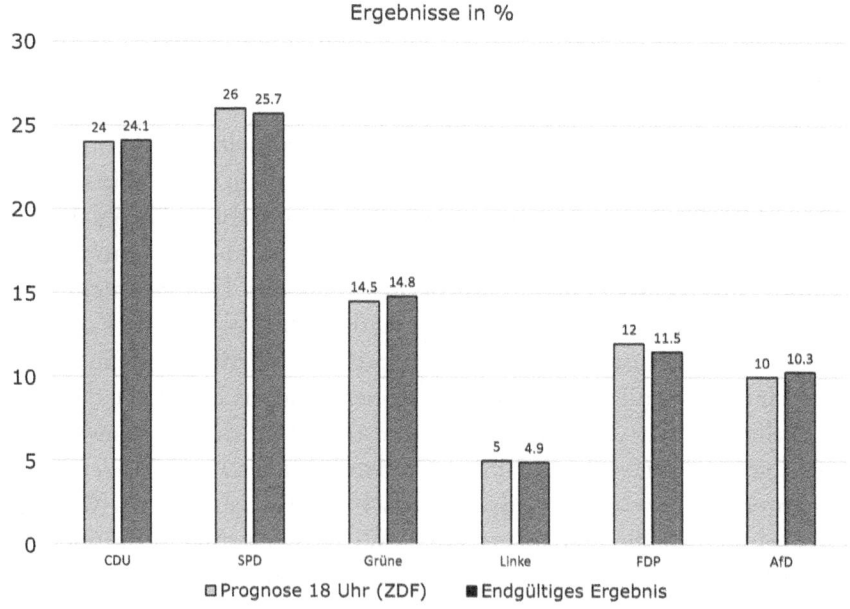

Abb. 3.3 Vergleich Prognose-Endergebnis. (Quellen: Prognose 18 Uhr: Forschungsgruppe Wahlen für das ZDF, endgültiges Ergebnis: Bundeswahlleiter)

Ihr Transfer in die Praxis
- Holen Sie Skeptiker an den Tisch.
- Klären Sie über die Vorurteile auf, wo sind sie berechtigt, wo nicht.
- Zeigen Sie die Vorteile vom Einsatz statistischer Verfahren auf.

4

Regelwerk zur Stichprobeninventur
Vorschriften und Definitionen

Ein klarer Befehl ist ein Segen für die Truppe ...

Was Sie aus diesem Kapitel mitnehmen
- Wo sind die gesetzlichen Regeln festgelegt?
- Wo sind sonstige Vorgaben zu finden?

Der Wunsch nach einer Alternative zur Vollinventur kam schon in den 1970er-Jahren auf. Seinerzeit führten die ersten Großunternehmen eine EDV-gestützte Bestandsführung ein, die der sonst üblichen Verwaltung per Karteikarte weitaus überlegen war. Die Exaktheit der Bestandsführung und -fortschreibung hatte eine völlig andere Qualität. Der Wunsch nach einer Alternative zur Vollinventur kam schon in den 1970er-Jahren auf. Seinerzeit führten die ersten Großunternehmen eine EDV-gestützte Bestandsführung ein, die der sonst üblichen Verwaltung per Karteikarte weitaus überlegen war. Die Exaktheit der Bestandsführung und -fortschreibung hatte eine völlig andere Qualität. So entstand der Gedanke, dass bei einem geeigneten Nachweis der korrekten

Bestandsführung eine Vollzählung entfallen könne. Dem folgte der Gesetzgeber 1977 und ließ die Stichprobeninventur grundsätzlich unter bestimmten Bedingungen zu (vgl. § 39 HGB in der Fassung von 1977). Die Ausformulierungen wurden 1981 in einer Stellungnahme des Hauptfachausschusses des Instituts der Wirtschaftsprüfer (IDW) sowie verschiedener Schriften der Arbeitsgemeinschaft für wirtschaftliche Verwaltung (AWV) vorgenommen. Diese Regeln gelten mit späteren Ergänzungen noch heute.

4.1 Gesetzliche Regelung

In Deutschland ist die Zulässigkeit der Stichprobeninventur aktuell im § 241 Abs. 1 HGB geregelt:

- Bei der Aufstellung des Inventars darf der Bestand (…) auch mit Hilfe anerkannter mathematisch-statistischer Methoden aufgrund von Stichproben ermittelt werden.
- Das Verfahren muss den Grundsätzen ordnungsmäßiger Buchführung entsprechen.
- Der Aussagewert des auf diese Weise aufgestellten Inventars muss dem Aussagewert einer eines aufgrund einer körperlichen Bestandsaufnahme (Anm. d. Verf.: Vollinventur) aufgestellten Inventars gleichkommen.

Dieses Gesetz findet sich als § 192 Abs. 4 öUGB wortgleich in Österreich. Die Schweiz hat keine explizite Regelung einer Stichprobeninventur im Gesetzestext, allerdings widerspricht der Artikel 958c Abs. 2 Obligationsrecht nicht einer Stichprobeninventur.

In anderen europäischen und außereuropäischen Ländern werden die Verfahren ebenfalls eingesetzt, die rechtliche Situation ist jedoch unterschiedlich.

4.2 Ergänzende Regelungen zur Stichprobeninventur

Der deutsche und auch der österreichische Gesetzgeber haben über die in den Gesetzestexten stehenden Formulierungen keine weiteren Definitionen vorgenommen. So blieben zunächst elementare Fragen offen:

- Welche sind „anerkannte mathematisch-statistische Methoden" im Sinne des Gesetzes?
- Wie wird die Aussageäquivalenz zur Vollinventur definiert, gemessen und nachgewiesen?
- Und letztlich auch, wie hat so eine Inventur abzulaufen?

Genau diese Fragen sollten mit der Stellungnahme des IDW 1981 (in Ergänzung von 1990) beantwortet werden (vgl. Hauptfachausschuss des IDW 1981). Ziel war es, ein einheitliches Regelwerk zu schaffen, nach dem die Korrektheit einer Stichprobeninventur zum Jahresabschluss testiert werden kann. Dieses Standardwerk wurde seinerzeit auf Deutsch und Englisch publiziert, was darauf schließen lässt, dass die Anwendung der Regeln auch außerhalb Deutschlands geplant war. Daneben wurden von der AWV insbesondere zum Sequenzialtest sowie zu Spezialfällen Schriften herausgegeben, die den IDW-Ausführungen jedoch nicht widersprechen (AWV-Schrift 385, 1985).

> **Ihr Transfer in die Praxis**
> - Machen Sie sich mit dem Regelwerk vertraut.
> - Bedenken Sie, dass oft auch bei Fachleuten wie Wirtschaftsprüfern oder Leitern der Finanzen kaum Kenntnisse über diese Methodik vorherrschen.
> - Holen Sie die Unternehmensführung an Bord.

5

Betriebliche Voraussetzungen für die Stichprobeninventur
Was zu beachten ist

Klar Schiff zum Gefecht

Was Sie aus diesem Kapitel mitnehmen
- Was muss zunächst sichergestellt werden.
- Was kommt zum Einsatz.

Neben den gesetzlichen Anforderungen sind auch betriebliche Voraussetzungen für die Anwendung der Stichprobeninventur zu erfüllen. Gleichwohl wird das heutige Bestandsmanagement die Anforderungen aus den frühen 1980er-Jahren in der Regel problemlos erfüllen. Neben den gesetzlichen Anforderungen sind auch betriebliche Voraussetzungen für die Anwendung der Stichprobeninventur zu erfüllen. Gleichwohl wird das heutige Bestandsmanagement die Anforderungen aus den frühen 1980er-Jahren in der Regel problemlos erfüllen.

5.1 EDV-verwaltete Bestände und zuverlässige Bestandsfortschreibung

Was in der Anfangszeit der Stichprobeninventur fast ausschließlich in Großunternehmen möglich war, ist mittlerweile längst auch im Mittelstand Standard. Ausgereifte Warenwirtschafts- und Lagerverwaltungssysteme gibt es für alle Ansprüche, und wohl kein Unternehmen ab einer bestimmen Bestandsmenge arbeitet noch mit Karteikarten. Üblich ist in vielen Betrieben eine Bestandsverwaltung auf Lagerplatzebene, mindestens aber auf Artikelebene. Insofern ist die zuverlässige Bestandsfortschreibung im Prinzip gewährleistet.

5.2 Hinreichende Bestandssicherheit

Mit der IT-gestützten Bestandsverwaltung hat sich auch die Bestandsqualität im Vergleich zu den 1980er-Jahren erheblich verbessert. Die Zeiten, in denen Material auf festen Plätzen lag und ein Lagerverantwortlicher die Lagerplätze verwaltet hat, sind wohl größtenteils vorbei. Heute werden Lagerplätze meist chaotisch verwaltet: Das Verwaltungssystem weist die Lagerplätze zu, und nur aus dem System heraus lässt sich das Material wiederfinden. Mit anderen Worten: Was nicht da ist, wo es laut System sein sollte, ist weg! Daraus ergibt sich eine gewisse „Selbstheilung": Durch implizite Korrekturen im betrieblichen Prozessablauf werden Bestandsunsicherheiten tendenziell eher bereinigt. Hinzu kommen oft Null-Durchgangs- und Restmengenkontrollen. Aber auch Prozessverbesserungen im intralogistischen Ablauf wirken sich positiv auf die Bestandsqualität aus. Für ein solches Lager kann eine Vollinventur deutlich unwirtschaftlicher sein als eine Stichprobeninventur.

5.3 Zertifiziertes Stichprobeninventursystem

Die mathematischen Modelle hinter den Stichprobeninventurverfahren sind nicht trivial. Aber auch die Arbeitsabläufe und die vorschriftsmäßige Dokumentation der Stichprobeninventur erfordern ein regelkonformes Vorgehen. Deshalb kommen für Stichprobeninventuren nicht-zertifizierte Systeme kaum infrage. Wirtschaftsprüfer erwarten in der Regel eine Testierung nach dem IDW Prüfungsstandard 880, mit dem die korrekte Berechnung und Arbeitsweise des Systems bestätigt wird. Dieses Testat lässt sich am einfachsten mit einer Allgemeinen Betriebserlaubnis etwa für Kraftfahrzeuge oder einer Typenzulassung für Flugzeuge vergleichen. Es sollte von einer namhaften Wirtschaftsprüfungsgesellschaft erstellt worden sein. Neben diesem Testat sollte der Systemanbieter über umfangreiche Kenntnisse zu den Regularien und Beratungskompetenz verfügen, um bei der Software-Einführung sowie der Abstimmung mit dem Wirtschaftsprüfer kompetent unterstützen zu können. Auch der Support nach der Einführung und bei anstehenden Inventuren sollte gewährleistet sein.

> **Ihr Transfer in die Praxis**
> - Schaffen Sie sich einen Überblick über die Bestandsführenden Systeme.
> - Wo befinden sich Daten über Menge, Lagerort und Preis der Materialien.
> - Involvieren Sie Ihre IT-Abteilung.

6

Arten und Optionen der Stichprobeninventur

Gestaltungsmöglichkeiten

There are many ways how to skin a cat – englische Weisheit.

> **Was Sie aus diesem Kapitel mitnehmen**
> - Zulässige statistische Verfahren für die Inventur
> - Organisationsformen für die Stichprobeninventur

Es gibt im Rahmen der Stichprobeninventur verschiedene Möglichkeiten, eine optimale Inventursystematik zu gestalten. Insbesondere ist es oft sinnvoll, die Verfahren zu kombinieren. Wie Abb. 6.1 zeigt, sind grundsätzlich vier Hochrechenverfahren und der Sequenzialtest zulässig. Es gibt im Rahmen der Stichprobeninventur verschiedene Möglichkeiten, eine optimale Inventursystematik zu gestalten. Insbesondere ist es oft sinnvoll, die Verfahren zu kombinieren.

Auch für die organisatorische Einbindung gibt es Gestaltungsspielräume. Im Folgenden werden die Verfahren und Optionen dargestellt.

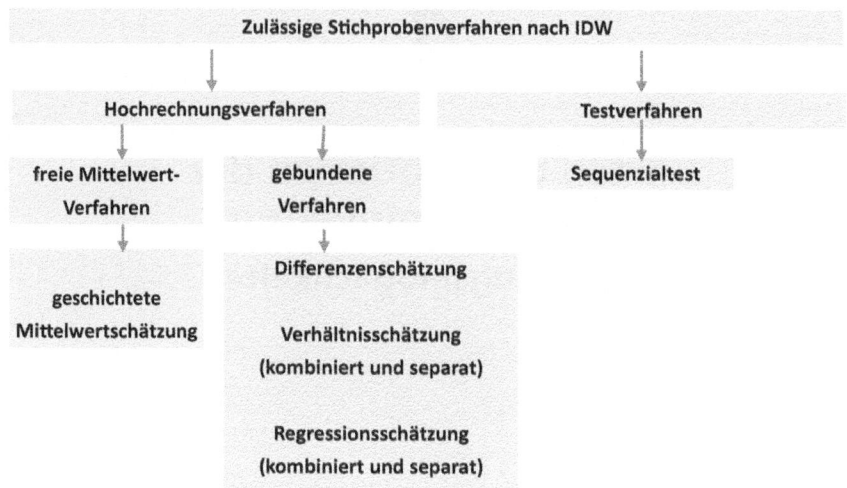

Abb. 6.1 Zulässige Verfahren für Stichprobeninventuren

6.1 Die Hochrechenverfahren

Bei den Hochrechenverfahren wird ein auf Basis von Stichproben errechneter Wert (Istwert) mit dem laut Bestandsführungssystem vorhandenen Wert (Sollwert) verglichen. Diese dürfen maximal 2 % voneinander abweichen. Zusätzlich wird ein Maß für die Genauigkeit des auf Basis der Stichproben ermittelten Wertes gemessen – der Relative Stichprobenfehler. Dieser darf maximal 1 % betragen. Gefordert ist zudem eine Aussagegenauigkeit von 95 %. Die Verfahren arbeiten nach unterschiedlichen Formeln und erzielen mit dem gleichen Stichprobenumfang und Zählergebnis unterschiedliche Ergebnisse in der Auswertung. Es ist also durchaus möglich, dass die Grenzwerte in einem Verfahren eingehalten werden, in den übrigen hingegen nicht. Allerdings benötigt die Mittelwertschätzung in der Regel etwa den dreifachen Stichprobenumfang, um die gleiche Genauigkeit wie die gebundenen Verfahren zu erreichen. In der Praxis erweist sich die Regressionsschätzung meistens als diejenige mit dem genauesten Ergebnis. Die Genauigkeit, gemessen als relativer Stichprobenfehler, wird von zwei Faktoren beeinflusst: Dem Stichprobenumfang und den bei den Zählergebnissen festgestellten Soll-

Ist-Abweichungen, also den wertmäßigen Differenzen der Stichproben. Um den erforderlichen Stichprobenumfang zu ermitteln, wird die Grundgesamtheit in Werteschichten aufgeteilt, aus denen jeweils eine bestimmte Stichprobenanzahl gezogen wird. Die optimale Schichtenbildung wird auf Basis eines zugrunde gelegten Hochrechenverfahrens, im besten Fall eines gebundenen Verfahrens, vom Stichprobeninventursystem errechnet. Zeigt das Hochrechnungs-Ergebnis eine Abweichung von den Grenzwerten, liegt das an entsprechenden Wertabweichungen der Stichprobenergebnisse – der notwendige Stichprobenumfang wurde ja vorab ermittelt. Jetzt gilt es also, die verantwortlichen Stichproben zu ermitteln und die Ergebnisse zu überprüfen. Nach entsprechender Korrektur werden in der Praxis meistens die Grenzwerte erreicht. Falls nicht, kann die Abweichung durch Nachziehen weiterer Stichproben „geheilt" werden – die Genauigkeit erhöht sich. Grundsätzlich ist es vorteilhaft, wenn ein Stichprobeninventursystem alle vier zulässigen Verfahren abbildet, um alle Chancen zum positiven Abschluss der Inventur nutzen zu können. Die Stichprobeninventur mit Hochrechenverfahren ist nach heutigen Maßstäben für alle zeitgemäß geführten Läger geeignet. Der Zählumfang beträgt dabei nur etwa 5 % der Positionen in der Grundgesamtheit.

6.2 Der homograde Sequenzialtest

Dieses Verfahren eignet sich für Läger und Lagerbereiche, die eine besonders hohe Bestandssicherheit aufweisen, wie etwa Hochregal- und andere automatische Läger. Aber auch Bereiche mit unangebrochenen Einheiten (Paletten, Kartons etc.) bieten sich hier an. Häufig wird der Sequenzialtest in Kombination mit Hochrechenverfahren eingesetzt. Für den Einsatz des Sequenzialtests darf die durchschnittliche Inventurdifferenz des zu betrachtenden Bestandes (Grundgesamtheit) wertmäßig nicht über 5 % liegen. Dies kann aus vorherigen Inventurergebnissen entnommen oder im Rahmen einer Vorstichprobe mit 200 Positionen errechnet werden (vgl. Arbeitsgemeinschaft für wirtschaftliche Verwaltung 1985, S. 25 f.). Beim Sequenzialtest ist die Anzahl von Fehlern maßgeblich. Jede Position mit einer Soll-Ist-Abweichung wird als Fehler gewertet, unabhängig von der Größe der Abweichung (es sei denn, es werden Toleranzen akzeptiert). Dieses Verfahren stellt hohe Ansprüche an die Bestandsgenauigkeit, erfordert im Gegenzug aber den geringsten Zählaufwand. Im Idealfall sind 30 Stichproben ausreichend, unabhängig von der Größe der Grundgesamtheit sind. Dies setzt jedoch voraus, dass keine Fehler auftreten. Der Stichprobenumfang steht nicht a priori fest, sondern ergibt sich im Testverlauf. Werden keine Toleranzen akzeptiert, umfasst die Mindeststichprobe 30 (mit Toleranzen 55) Positionen. In Absprache mit dem Wirtschaftsprüfer können geringfügige Toleranzen zugelassen werden, in denen eine Abweichung nicht zu einem Fehler führt. Hier liegt die übliche Grenze bei 5 % Mengenabweichung und/oder 50 EUR. Wie Abb. 6.2 zeigt, müssen bei Fehlern Positionen nachgezogen werden. Dabei gilt jede Mengenabweichung außerhalb eventueller Toleranzen bei einer Stichprobe als Fehler, die Höhe der Abweichung ist irrelevant. Liegt das Ergebnis im Ablehnungsbereich, ist der Test gescheitert und es muss ein anderes Inventurverfahren gewählt werden.

Für den Sequenzialtest sind keine Preisinformationen zu den Artikeln erforderlich. Deshalb eignet er sich auch gut für Logistik-Dienstleister, denn diese haben zu den Beständen oft keine Preisinformationen. Aufgrund seiner Wertneutralität und flexiblem Stichprobenumfang eignet sich der Sequenzialtest auch ideal für Bestandskontrollen.

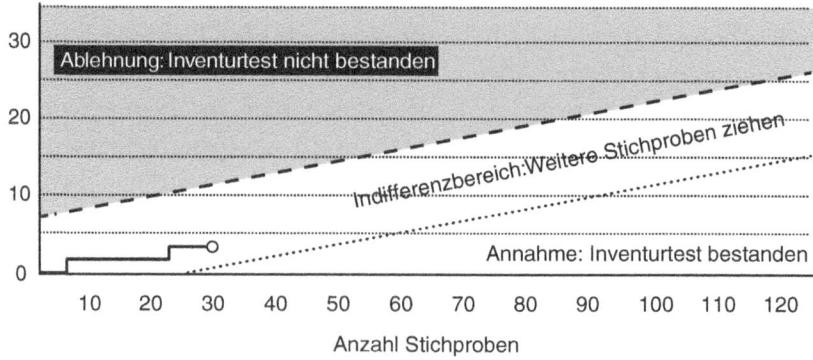

Abb. 6.2 Sequenzialtest

6.3 Organisationsoptionen der Stichprobeninventur

Grundsätzlich lässt sich die Stichprobeninventur wie eine Vollinventur zeitlich versetzt (3 Monate vor bis 2 Monate nach dem Bilanzstichtag) durchführen. Aber auch die permanente Stichprobeninventur ist zulässig. Hier werden zwei Verfahren im Hochrechnungsbereich unterschieden: Die permanent statische und die permanent dynamische Stichprobeninventur. In der ersten Variante werden die zu zählenden Stichproben bei der ersten Ziehung festgelegt und in der Folge in weiteren Tranchen abgerufen. Vorher wird jeweils der Bestand im Inventursystem aktualisiert. Der Vorteil ist, dass die Region der Lagerplätze beim Abruf eingeschränkt werden kann. In der dynamischen Variante werden die Stichproben jeweils aus dem aktuellen Bestand gezogen. Hier kann keine Region vorgegeben werden, dafür verringert sich die Gefahr von Schichtwechslern (Stichproben wechseln die Werteschicht aufgrund von Veränderungen der Sollmengen). Sehr verbreitet ist in der Praxis, dass verschiedene Lagerbereiche mit unterschiedlichen Methoden inventiert werden. Hierzu können auch Vollaufnahmebereiche oder andere Verfahren zählen. Zudem gibt es laut IDW Ausnahmen aus den Stichprobenverfahren: Leicht verderbliche Waren (Obst, Gemüse), Bestände mit unkontrollierbarem Schwund oder besonders hochwertige Bestände (z. B. Edelmetalle) sind von den Stichprobenverfahren auszuschließen (vgl. Hauptfachausschuss des IDW 1981, S. 5). Diese werden gesondert aufgenommen.

Ihr Transfer in die Praxis
- Klären Sie, ob bei Ihnen Zählungen an einem Tag der Betriebsruhe (Wochenende etc.) oder im laufenden Betrieb durchgeführt werden (können).
- Klären Sie, wieviel Zählvolumen an einem Zähltag abgearbeitet werden kann.
- Klären Sie, ob für alle Materialien Preise vorliegen – wenn nicht, kann nur der Sequenzialtest eingesetzt werden.
- Erarbeiten Sie einen Inventurplan über die Verfahren, die Sie einsetzen wollen und stimmen Sie diesen mit der Unternehmensführung und dem Wirtschaftsprüfer ab.

7

Ablauf der Stichprobeninventur
Vorbereitung und Durchführung

Wie der Hase läuft …

Was Sie aus diesem Kapitel mitnehmen
- Vorbereitende betriebliche Maßnahmen zur Stichprobeninventur
- Durchführung der Stichprobenininventur mit IT-System
- Auswertung der Ergebnisse

Im Folgenden soll beispielhaft der schematische Ablauf einer Stichprobeninventur skizziert werden. Je nach eingesetzten Systemen kann der Prozess in einzelnen Schritten von der Beschreibung abweichen, wird aber grundsätzlich ähnlich verlaufen.

7.1 Vorüberlegungen

Welche Bereiche sollen mit welcher Methodik inventiert werden? Diese Überlegung ist zunächst wichtig, um die zu betrachtenden Grundgesamtheiten abzugrenzen. Beachten Sie hierzu bitte auch die Checkliste am Ende des ersten Teils des Buches.

Relevante Fragen hierzu sind:

- Unterscheidet sich die Bestandssicherheit in einzelnen Bereichen?
- Sollen verschiedene Inventurverfahren eingesetzt werden?
- Welches Inventursystem (Anbieter) soll eingesetzt werden?
- Wie soll die Inventur organisiert werden – Stichtag oder Permanent?
- Wie soll die Aufnahme der Zählung erfolgen?
- Welche Ressourcen werden benötigt?
- Wie ist der organisatorische Ablauf geplant?
- Wie werden Differenzen geklärt?
- Wie erfolgt die Abstimmung mit dem Wirtschaftsprüfer?

Selbstverständlich sind dabei auch Ziele zu berücksichtigen:

- Einsparmöglichkeiten
- Entlastung von Ressourcen
- Minimierung von Fehlerquellen

7.2 Systemvorbereitung

Wird ein Stichprobeninventursystem als Ergänzung zur bestehenden Systemwelt eingesetzt, müssen die Systeme über Schnittstellen korrespondieren. Welche Schnittstellen konkret erforderlich sind, ergibt sich aus dem geplanten Prozess. Mindestens aber müssen die Daten (wie in Abschn. 7.3 gezeigt) aus den bestandsführenden Systemen (ERP, WWS, LVS) an das Inventursystem übergeben werden.

Grundsätzlich werden benötigt:

7 Ablauf der Stichprobeninventur

- Daten, die eine eindeutige Identifikation einer Lagerposition ermöglichen. Liegen die Artikel auf mehreren Lagerplätzen, müssen die Daten zumindest die Artikelkennung und die Lagerkoordinate umfassen. Es können aber auch weitere Unterscheidungsmerkmale hinzukommen (Seriennummer, Farbe, Größe etc.). Im Wesentlichen sind hier alle Unterscheidungsmerkmale gemeint, die zur Zählung einer bestimmten Stichprobe benötigt werden.
- Die (Teil-)Menge des jeweiligen Artikels auf dem aufzunehmenden Lagerplatz.
- Bei Hochrechenverfahren der Preis des Artikels.

Nicht selten werden die Daten in verschiedenen Systemen gehalten. So wird in Warenwirtschafts- und Lagerverwaltungssystemen in der Regel kein Preis gepflegt. In ERP-Systemen fehlen hingegen oft die Lagerkoordinaten. Insofern müssen diese Informationen vor der Datenübergabe zusammengeführt werden. Die Struktur der Information muss dem Inventursystem als Aufbau des Datensatzes mitgeteilt werden, um eine korrekte Übernahme zu ermöglichen – siehe Abb. 7.1. Dabei spielt die

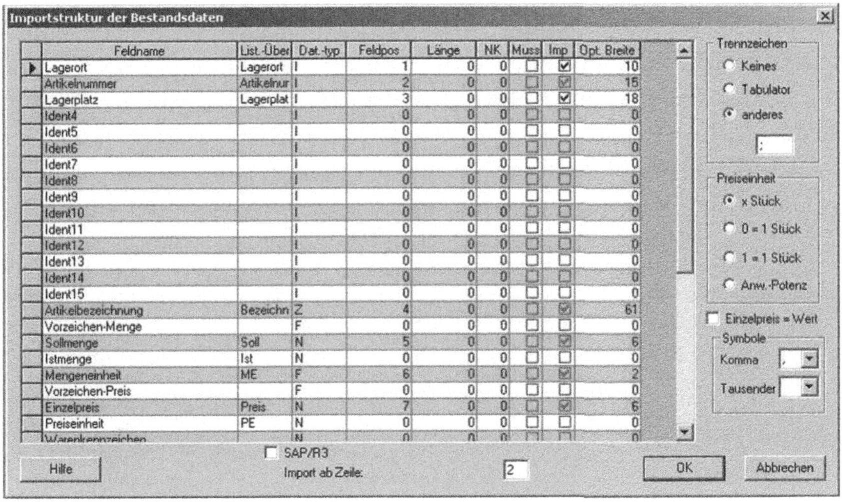

Abb. 7.1 Konfigurationstabelle für die Schnittstelle zur Übernahme der Bestandsdaten

Konfigurierbarkeit der Schnittstellen des Inventursystems eine große Rolle. Hier gilt: Je flexibler, desto besser.

Soll die Aufnahme der Zählung per Mobiler Datenerfassung (MDE) oder über das bestandsführende System erfolgen, müssen hierzu ebenfalls Schnittstellen eingerichtet werden. Gleiches gilt, wenn die Zählung im laufenden Betrieb erfolgt und die Zählpositionen gesperrt werden sollen.

Dass Inventursystem sollte folgende Schnittstellenoptionen bieten:

- Übernahme der Bestandsdaten
- Aktualisierung der Bestandsdaten
- Ausgabe der Zählpositionen
- Übernahme der Zählergebnisse
- Ausgabe der Differenzen
- Buchungsdaten für Differenzen

7.3 Datenübernahme

Die korrekte und vollständige Übernahme der Grundgesamtheit in das Inventursystem ist die notwendige Voraussetzung für eine regelkonforme Stichprobeninventur. Deshalb wird bei zertifizierten Inventursystemen diese Übernahme durch ein entsprechendes Protokoll nachgewiesen. Der erste Schritt bei einer Stichprobeninventur ist also die Datenübernahme (s. Abb. 7.2).

Nach der Datenübernahme sollte das Ergebnis protokolliert werden. Insbesondere gilt es nachzuweisen, dass

Abb. 7.2 Übernahme der Bestandsdaten in das Inventursystem

- jeder Datensatz eindeutig identifiziert werden konnte, es also keine doppelten Datensätze gibt. Dies ist die Voraussetzung dafür, dass jede Position eine Chance hat, in die Ziehung zu kommen und entspricht der Vorgabe für eine Vollständigkeit der Aufnahme bei einer Vollinventur
- keine Datensätze mit negativen Preisen belegt sind
- keine Rechenfelder (Preis, Menge) ohne Inhalt oder mit falschen Inhalten (keine Zahlen) belegt sind
- Positionen mit negativen Mengen zur Vollzählung ausgewiesen werden

Im Idealfall weist das Inventursystem fehlerhafte Datensätze aus, um vor Inventurbeginn eine Korrektur in den bestandsführenden Systemen und eine erneute Datenübernahme zu ermöglichen.

7.4 Vorauswertung

Bei den wertorientierten Hochrechenverfahren sollte das Inventursystem nach der Datenübernahme die Wertverteilung der Grundgesamtheit zeigen. Die Wertverteilung ist zusammen mit den zu erzielenden Messwerten in Hinblick auf die Aussageäquivalenz (§ 241 Abs. 1 Satz 3 HGB) entscheidend für den notwendigen Stichprobenumfang bei Hochrechenverfahren.

Üblicherweise wird die Wertverteilung in Form einer Lorenzkurve ausgegeben, wie Abb. 7.3 zeigt.

Auf der Ordinate (Y-Achse) ist der kumulierte Bestandswert abgetragen, auf der Abszisse (X-Achse) die kumulierte Positionsanzahl. Auf der linken Seite – am Schnittpunkt beider Achsen (0-Punkt) – befinden sich die hochwertigsten Positionen. Nach rechts werden die Positionen geringwertiger. Die oben abgebildete Lorenzkurve zeigt einen typischen verlauf in einem Industrielager. Mit relativ wenigen Positionen wird ein hoher Lagerwert abgebildet, die Mehrheit der Positionen befindet sich im geringwertigen Bereich. Tendenziell ist die Verteilung in allen Lagern ähnlich, wobei im Handel die Kurve eher flacher verläuft.

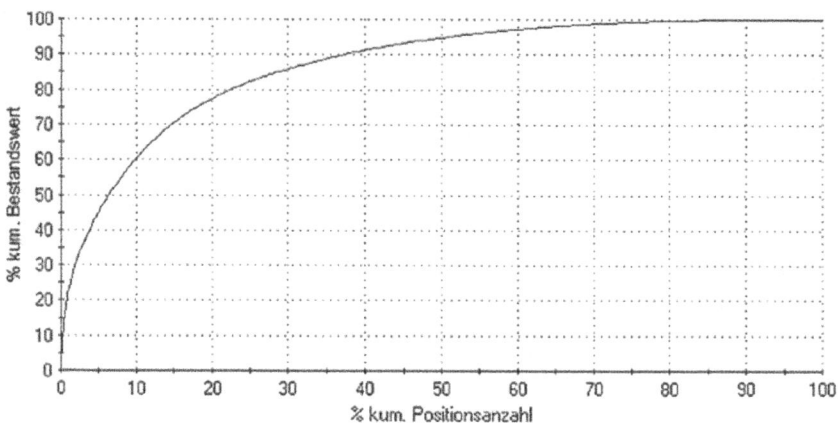

Abb. 7.3 Wertverteilung im Lager – Lorenzkurve

7.5 Schichtenbildung (bei Hochrechenverfahren)

Der Gesetzgeber verlangt im HGB § 241 Abs. 1, Satz 3, dass das Ergebnis einer Stichprobeninventur in der Aussagequalität einer Vollaufnahme gleichkommen muss. Daraus lässt sich ableiten, dass auch eine Vollinventur vom Gesetzgeber offensichtlich nur als „Näherungswert" behandelt wird, denn sonst wäre die Aussagequalität eher als „exakt" definiert worden. Es bleibt die Frage: Wie müsste die Aussagequalität einer Stichprobeninventur beschaffen sein, damit sie der einer Vollinventur entspricht? Da hat sich der Gesetzgeber zurückgehalten, was den Berufsstand der Wirtschaftsprüfer auf den Plan gerufen hat. So hat sich der Hauptfachausschuss des Instituts der Wirtschaftsprüfer (IDW) 1981 und 1990 mit einer Stellungnahme geäußert, um einheitliche Regeln für Stichprobeninventuren zu verabschieden (vgl. Institut der Wirtschaftsprüfer 1981). Für alle Stichprobeninventurverfahren gilt daher, dass die Aussagewahrscheinlichkeit mindestens 95 % betragen muss. Hinzu kommen für Hochrechnungs-Stichprobeninventuren:

7 Ablauf der Stichprobeninventur

- Eine maximale Abweichung des geschätzten Lagerwertes vom Buchwert von 2 %
- und ein maximaler Relativer Stichprobenfehler von 1 %

Dar Relative Stichprobenfehler ist ein Maß für die Genauigkeit. Er hängt direkt mit dem Stichprobenumfang und den an den Stichproben festgestellten wertmäßigen Soll-Ist-Abweichungen zusammen. Es muss also zunächst ermittelt werden, wie groß der Stichprobenumfang zu sein hat, um die geforderte Aussagewahrscheinlichkeit von 95 % zu erreichen. Um dies mit möglichst wenigen Stichproben zu erreichen, muss die Grundgesamtheit in Werteschichten aufgeteilt werden. Aus den Werteschichten werden dann die Stichproben gezogen – mindestens jeweils 30 aus jeder Schicht, bei größerer Wertspreizung auch mehr. Diese Berechnung erfolgt immer auf Basis eines Hochrechenverfahrens, wobei der Stichprobenumfang nach den Gebundenen Verfahren (Differenzen-, Verhältnis- und Regressionsschätzung) nur etwa ein Drittel der Stichproben wie bei der Mittelwertschätzung ausmacht. Idealerweise errechnet das Stichprobeninventursystem das optimale Schichtenmodell eigenständig. Ein mögliches Ergebnis zeigt Abb. 7.4.

A	B	C	D	E	F
				Stichproben	
Schicht	Wert-Bis	Anzahl	Wert	Anzahl	%
1	125.00	7,803	3,82,781.00	30	0.09
2	255.00	5,965	11,21,715.39	52	0.16
3	370.00	4,250	13,16,491.89	34	0.11
4	480.00	3,141	13,29,765.71	30	0.09
5	700.00	4,044	23,38,338.28	60	0.19
6	960.00	2,674	21,79,615.89	47	0.15
7	1,300.00	1,639	18,07,922.27	37	0.12
8	1,800.00	1,091	16,50,312.38	36	0.11
9	2,750.00	827	18,04,107.94	51	0.16
10	4,950.00	233	8,23,828.90	32	0.1
11	34,900.00	75	7,14,970.34	75	0.24
Gesamt		31,742		484	1.52

Abb. 7.4 Beispiel eines Schichtungsmodells bei einem Lagergesamtwert von 15.469.849,98 EUR

Das Protokoll zeigt eine typische Situation: Je geringwertiger die Schicht, desto mehr Positionen befinden sich darin. Daraus ergibt sich, dass das Verhältnis der Anzahl von Stichproben (Spalte E) zur Anzahl der Positionen je Schicht (Spalte C) enger ist, je höher die Werteschicht ist. Das folgt dem Anspruch der Wirtschaftsprüfer nach der Wesentlichkeit: Es geht um den Wert des Umlaufvermögens, nicht um Bestandssicherheit im geringwertigen Bereich. Es entspricht aber auch dem Anspruch der Materialwirtschaft nach Bestandsgenauigkeit: Wenn in der Werteschicht 1, Wert bis 125 EUR, statt 7803 Positionen nur 30 gezählt werden müssen, gibt es auch 7773 weniger Fehlerquellen! Und bei einem Lagergesamtwert von über 15 Mio. EUR werden bei einer Vollinventur Differenzen in der 125 Euro-Klasse bei Kontrollzählungen eher selten berücksichtigt. Wie das Beispiel in Abb. 7.4 zeigt, sind also von 31.742 Positionen nur 484 zu zählen, was einem Anteil von 1,52 % entspricht.

7.6 Ziehung der Stichproben und Zählung

Im nächsten Schritt werden die Zählpositionen gezogen, wie Abb. 7.5 illustriert.

Aus den Schichten werden die zu zählenden Positionen per Zufallszahlen gezogen. Diese müssen nun durch Inaugenscheinnahme aufgenommen werden, das heißt, sie müssen von Zählteams wie bei einer üblichen Vollinventur gezählt und die Ergebnisse aufgenommen werden. Bei entsprechender Schnittstellenvorbereitung können die Zählpositionen auch gesperrt werden, damit der übrige Lagerbestand verfügbar bleibt.

Je nachdem ob eine Stichtagsinventur oder eine permanente Stichprobeninventur durchgeführt wird, kann entweder ein Teilabruf oder ein

Abb. 7.5 Ziehung der Stichproben

Gesamtabruf der Zählpositionen erfolgen. Auf jeden Fall müssen zum Inventurabschluss alle Positionen gezählt und zurückgemeldet worden sein.

7.7 Rückmeldung der Ergebnisse

Nach Abschluss der Zählung müssen die Ergebnisse in das Inventursystem zurückgemeldet werden. Dies geschieht entweder durch manuelle Eingabe der Zählergebnisse oder durch Übernahme per Datei/Tabelle aus MDE-Geräten oder anderen Systemen, in denen die Aufnahme erfolgt ist. Für den Abschluss der Inventur ist die vollständige Rückmeldung aller Zählergebnisse notwendig.

7.8 Auswertung Hochrechenverfahren

Nach Rückmeldung der Zählergebnisse kann die Auswertung, wie in Abb. 7.6 dargestellt, erfolgen.

Je nachdem, ob eine Stichtags- oder eine permanente Stichprobeninventur durchgeführt wird, kann eine Zwischen- oder Abschlussauswertung erfolgen. Grundsätzlich geht es dabei um die Frage, ob die Inventurergebnisse den Erfordernissen entsprechen. Bei den Hochrechenverfahren darf die Abweichung der Gesamtwerte nicht größer als 2 % und der relative Stichprobenfehler nicht größer als 1 % sein. Diese Werte müssen in einem der vier zugelassenen Hochrechenverfahren eingehalten worden sein.

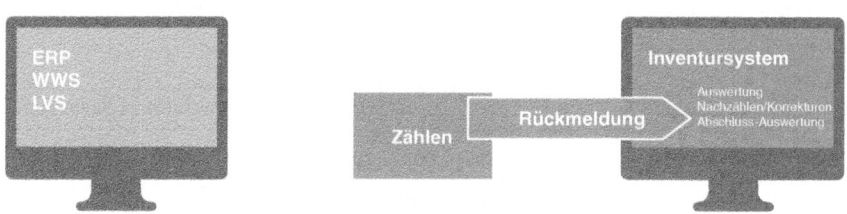

Abb. 7.6 Rückmeldung der Zählergebnisse

7.9 Auswertung Sequenzialtest

Beim Sequenzialtest wird geprüft, ob das Ergebnis im Annahme-, Indifferenz- oder Ablehnungsbereich ist. Ausschlaggebend ist die Fehleranzahl, also die Anzahl Stichproben, in denen die Sollmenge von der Zählmenge abweicht. Bei 30 Stichproben (keine Toleranzen werden akzeptiert) darf zum Erreichen der Annahmegrenze kein Fehler vorliegen. Ist das Ergebnis, wie in Abb. 7.7 dargelegt, im Indifferenzbereich, müssen entsprechend Positionen nachgezogen werden. Liegt es im Ablehnungsbereich, ist der Test erfolglos abgeschlossen – es muss ein anderes Inventurverfahren eingesetzt werden.

7.10 Korrekturen

Meistens führt die erste Auswertung nicht zu den gewünschten Ergebnissen. Das liegt in der Regel nicht an schlechter Bestandsführung, sondern an Fehlern bei der Aufnahme und/oder klärbaren Differenzen. Es ist leider eine Tatsache, dass Menschen nicht gut zum Zählen geeignet sind. Insbesondere wenn es um das Zählen von vielen Artikeln oder Einheiten geht, passieren Fehler. Aber auch offene Transportaufträge und andere prozessbedingte, klärbare Differenzen zwischen Buch- und Realsituation

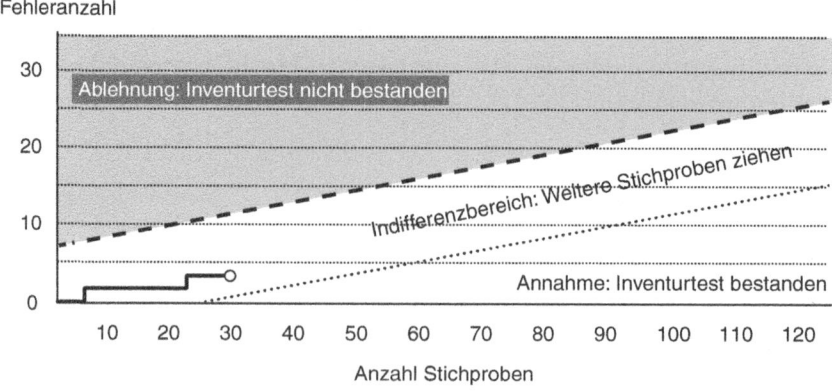

Abb. 7.7 Ergebnis Sequenzialtest

müssen überprüft und berücksichtigt werden. Es ist also unabdingbar, diese Klärungen durchzuführen – nicht nur, um das gewünschte Inventurergebnis zu erreichen, sondern auch, um nicht fälschlicherweise vermeintliche Differenzen in der Bestandsführung zu verbuchen. Leider ist es so, dass die Überprüfung einer Differenz etwa fünfmal so viel Aufwand verursacht als die Erstaufnahme. Daher lohnt es sich, bei der Zählung mehr Wert auf Genauigkeit als auf Geschwindigkeit zu legen – hier zeigt sich ein wesentlicher Vorteil der Stichprobeninventur im Vergleich zur Vollaufnahme. Hinzu kommt ein weiterer Aspekt: Der Stichprobenfehler als Maß für die Genauigkeit des errechneten Ergebnisses bei der Hochrechnungs-Stichprobeninventur wird für jede Werteschicht separat ermittelt, auch wenn er als Gesamtwert ausgewiesen wird. Deshalb sollte das Inventursystem auch die Ergebnisse pro Schicht ausweisen, um gegebenenfalls gezielt bei den Ergebnissen der betroffenen Schicht die Ausreißer zu identifizieren und überprüfen zu können. So werden auch Inventurfehler in geringwertigen Bereichen erkannt und können korrigiert werden. Sollte trotz Überprüfung der Differenzen das Ergebnis nicht zum Abschluss der Inventur ausreichen, sollte das Inventursystem eine Nachziehung auf Basis des Ergebnisses errechnen. Damit sollte die Aussagequalität weiter erhöht und der erfolgreiche Abschluss ermöglicht werden.

7.11 Inventurabschluss

Sind alle Stichproben gezählt, die Ergebnisse zurückgemeldet und die Grenzwerte eingehalten, ist die Inventur erfolgreich abgeschlossen. Das bedeutet, dass die Bestandsführung als hinreichend sicher gilt, um den Bestand zum Jahresabschluss direkt aus dem bestandsführenden System zu entnehmen (Annahmemethode). Auf dieser Basis erfolgt dann die Bewertung des Bestandes in Hinblick auf das Umlaufvermögen. Das heißt, dass die Ergebnisse der Stichprobeninventur auf Hochrechnungsbasis nicht zu einer Wertberichtigung verwendet werden. Die Zahlen haben hier lediglich Vergleichscharakter.

7.12 Verbuchung der Differenzen

Nach Abschluss der Inventur und Korrektur eventueller Inventurfehler werden die tatsächlich festgestellten Differenzen an den einzelnen Stichprobenpositionen mengenmäßig korrigiert. Es erfolgt keine Wertberichtigung, sondern nur die Korrektur der Menge an der gezählten Stichprobe. Dies Vorgehen wird auch als Annahmemethode bezeichnet: Der Bestand wird als hinreichend korrekt angenommen, um zum Jahresabschluss aus dem bestandsführenden System übernommen werden zu können.

7.13 Inventurdokumentation

Üblicherweise wird die gesamte Inventur durch das Inventursystem dokumentiert. Zertifizierte Systeme geben alle Informationen in Form übersichtlicher Reports aus:

- Protokoll über die korrekte und vollständige Übernahme der Grundgesamtheit
- Lorenzkurve zur Wertverteilung
- Schichtungsmodell mit optimaler Schichtung
- Zähllisten
- Differenzenliste
- Auswertung über die Schichten
- Hochrechnungsergebnisse mit Bestätigung der Vollständigkeit

---

Ihr Transfer in die Praxis
- Nachdem die Verfahren festgelegt worden sind, klären Sie die Herkunft der Bestandsdaten mit der IT.
- Gegebenenfalls müssen Daten aus mehreren Systemen (ERP, LVS, ...) zusammengeführt werden.
- Richten Sie die Schnittstellen zum Inventursystem ein.
- Machen Sie Testläufe!
- Berufen Sie ein Inventurteam, das im Inventursystem geschult worden ist.
- Legen Sie einen Ablaufplan fest.

8

Unterjährige Bestandskontrollen
Eine Inventur allein reicht nicht

Vertrauen ist gut – Kontrolle aber notwendig

> **Was Sie aus diesem Kapitel mitnehmen**
> - Warum zusätzlich zur Inventur?
> - Wie helfen auch hier statistische Systeme.

Die Inventur im Lager dient nicht primär der Bestandssicherheit, sondern dem Nachweis des Umlaufvermögens für den Jahresabschluss. Die Bestandssicherheit muss hingegen das ganze Jahr hindurch gewährleistet sein, um die Geschäftsprozesse abzusichern. Hinzu kommt, dass die Inventur externen Vorgaben unterliegt – im Gegensatz zu Bestandskontrollen! Allerdings gibt es im Rahmen des Risikomanagements mittlerweile Forderungen von Wirtschaftsprüfern, die Qualität der Bestandsführung zu messen und nachzuweisen.

8.1 Zielsetzung

Eine hohe Bestandssicherheit ist Voraussetzung für effiziente Prozesse. Die Planung basiert auf systemseitig geführte Bestände: Bestellzeitpunkte, Reichweiten, Sicherheitsbestände – das und vieles mehr gilt es im Griff zu haben. Das Ziel lautet: Alles in der benötigten Menge zur rechten Zeit bereit zu haben, aber so wenig Kapital wie möglich zu binden. Mit Bestandskontrollen und -überwachung muss sichergestellt werden, dass die Ausgangsbasis, also die Bestandsführung, verlässlich ist.

8.2 Schwerpunkte bilden

Nicht alles im Bestand hat die gleiche Kritikalität. Manches ist unverzichtbar und kann auch nicht kurzfristig nachgeordert werden, anderes bekommt man im Zweifelsfall im Baumarkt. Für einiges gibt es mehrere Anbieter, anderes wird nur von wenigen angeboten. Im Handel gibt es saisonale Schwerpunkte. Es ist daher sinnvoll, die Risiko-Artikel von den weniger kritischen Artikeln zu unterscheiden, um sich in der Bestandskontrolle auf das Wesentliche zu konzentrieren. Wie differenziert man jedoch den Bestand nach Kritikalität? Häufig wird der Einfachheit halber nach Wert vorgegangen: Eine ABC-Analyse auf Basis des Preises ist einfach, aber auch trügerisch. Genauso ist eine ABC-Analyse nach Bewegungsdaten (Umschlagshäufigkeit) nicht alleinerklärend für Kritikalität. Jeder Jeck ist anders, sagt man in Köln. Und so ist es auch mit Betrieben: Jedes Unternehmen wird individuelle Kritikalitätskriterien haben, zumindest in der Gewichtung. Deshalb ist es wichtig, diese Kriterien zu identifizieren, zu gewichten und zu bewerten. Daraus ergibt sich ein individuelles Risikoprofil für den eigenen Bestand. Sind die Risikobestände identifiziert, lassen sich diese in Klassen zusammenfassen – als Basis für eine nicht (nur) wertbezogene ABC-Analyse. Damit können Risikobestände in engerem Rahmen überwacht werden als weniger risikobehaftete Bestände. Diesem Ansinnen folgt auch das sogenannte Cycle Counting, das insbesondere in den Vereinigten Staaten weit verbreitet ist. Dabei werden die A-Artikel mehrfach, die B-Artikel weniger und die C-Artikel noch weniger häufig kontrolliert. Aber auch hier ist immer die Frage: Wer kategorisiert nach welchen Kriterien die Artikel?

8.3 Systemunterstützung

Wenn das vorhandene ERP-, Warenwirtschafts- oder Lagerverwaltungssystem kein ausreichendes Werkzeug für eine Risikoanalyse bietet, lohnt sich der Blick auf Anbieter von Software für Bestandskontrollen und Inventuren. Auch Anbieter von Software zur Bestandsoptimierung können hier interessant sein. Wie sollte aber die eigentliche Bestandsüberwachung erfolgen? Es wird kaum möglich sein, den Gesamtbestand mehrfach im Jahr komplett aufzunehmen. Abgesehen von Abweichungen, die sich im laufenden Betrieb ergeben, werden dadurch unverhältnismäßige Ressourcen gebunden. So bieten sich auch hier Stichprobenverfahren an. Allerdings sollten diese nach ähnlichen Qualitätsstandards arbeiten, wie sie professionelle Stichprobeninventur-Systeme bieten. Der Vorteil liegt in der Neutralität, Objektivität und Vergleichbarkeit der Ergebnisse. Weil Kritikalität nicht zwingend mit Wert korreliert, eine Wertgewichtung also nicht zielführend ist, eigenen sich die Hochrechenverfahren weniger zur Bestandskontrolle. Zum Überwachen der Bestandssicherheit – entweder per Schwerpunkt oder generell – eignet sich insbesondere der Sequenzialtest. Da dieses Verfahren die Stichproben wertneutral zieht, kommen auch geringwertige, aber durchaus kritische Bestände mit gleicher Wahrscheinlichkeit in die Ziehung wie hochwertige Bestände.

Per Sequenzialtest können die folgenden Messzahlen ausgewiesen werden (je nach Leistungsfähigkeit des eingesetzten Systems):

- Nominale Abweichungen per Artikel
- Nominale Abweichungen per Position (Artikel + Lagerplatz)
- Prozentuale Abweichungen per Artikel
- Prozentuale Abweichungen per Position (Artikel + Lagerplatz)
- Veränderungen der Sicherheit innerhalb betrachteter Zeiträume
- Veränderungen innerhalb bestimmter Cluster (ABC)

Ihr Transfer in die Praxis
- Ermitteln Sie, welche Verfahren aktuell im Betrieb für Bestandskontrollen eingesetzt werden.
- Ermitteln Sie, ob und welche Auffälligkeiten in der Bestandssicherheit aufgetreten sind.
- Erkennen Sie Optimierungspotenziale.
- Schaffen Sie eine Kategorisierung der Bestände nach Kritikalität, nicht nach Wert.
- Implementieren Sie einen Plan für den Einsatz geeigneter Methoden und Systeme.
- Planen Sie die Kapazitäten: Zählintervalle, Monitoring der Ergebnisse, Alarmplan.

9

Beispiele aus der Praxis
Was haben Unternehmen für Erfahrungen gemacht?

The proof of the pudding is in the eating – sagen die Engländer.

Was Sie aus diesem Kapitel mitnehmen
- Ein Beispiel aus dem Schraubenhandel
- Ein Beispiel aus dem Hochregallager
- Die Ergebnisse der Umstellung

Die ersten Anwender der Stichprobeninventur kamen ab Ende der 1970er-Jahre aus der Industrie. Es handelte sich in erster Linie um Großunternehmen wie Siemens, die ihre Bestände bereits per EDV führten. In den meisten Lägern regierte dagegen noch lange die Karteikarte, was für eine Stichprobeninventur keine hinreichende Voraussetzung war. Die ersten Anwender der Stichprobeninventur kamen ab Ende der 1970er-Jahre aus der Industrie. Es handelte sich in erster Linie um Großunternehmen wie Siemens, die ihre Bestände bereits per EDV führten. In den meisten Lägern regierte dagegen noch lange die Karteikarte, was für eine Stichprobeninventur keine hinreichende Voraussetzung war. Erst ab den

1990er-Jahren setzte sich auch im Mittelstand zunehmend die EDV in der Lagerverwaltung durch. Damit wurde auch die Stichprobeninventur für weitere Unternehmenskreise interessant. Am intensivsten wurde diese Inventurform nach wie vor im Industriebereich eingesetzt. Seit etwa 15 Jahren stellt auch der Handel auf Stichprobeninventuren um – verstärkt seit etwa 2010. Durch die allgemeine Steigerung der Akzeptanz wird auch im Sektor Logistikdienstleistung zunehmend die Vollinventur für die Kunden durch Stichprobenverfahren ersetzt.

9.1 Stichprobeninventur im Schraubenhandel

Ein Schraubengroßhändler hat im Jahr 2012 die Stichprobeninventur eingeführt und damit den Zählaufwand um das 300fache gesenkt

Ein norddeutscher Schraubenhändler bevorratet rund 100.000 Artikel im Gesamtwert von 20 Mio. EUR. Dafür stehen auf einer Fläche von 15.000 m² in fünf Hallen, 52.000 Fachbodenregalfächer und 18.000 Palettenstellplätze zur Verfügung. Eine Vollinventur würde hier 22 Tage dauern und 200 Mitarbeiter beschäftigen. So war es jedenfalls in der Vergangenheit, denn erst 2013 hat das Unternehmen die Stichprobeninventur eingeführt. Der Einsparungsfaktor gegenüber einer Vollinventur liegt bei über 300. Somit amortisierte sich die Investition für die Stichproben-Software bereits im ersten Jahr. Das System errechnet auf Basis der Artikelstammdaten die zu zählenden Lagerpositionen. Im Fall des Schraubenhändlers umfasste die Stichprobe 876 Artikel, die problemlos an einem Tag geprüft werden konnten. Mit dem Erfassen der Mengen wurden zehn Mitarbeiterinnen und Mitarbeiter beauftragt, die sich in fünf Zähltrupps organisierten. Für noch mehr Sicherheit sorgten die mobilen Datenerfassungsgeräte, mit denen die Zählmengen direkt am Lagerort erfasst und an das Stichprobeninventursystem im Lager übertragen wurden. Dort wurden Buch- und Zählwerte abgeglichen, sodass Abweichungen sofort auffielen. In diesen Fällen konnte gleich nachgezählt werden, wodurch sich die meisten Differenzen aufklären ließen. Der gesamte Prozess wurde von den Beratern des Softwareanbieters begleitet und ausgewertet – am Abend desselben Tages lag das Ergebnis vor. Bereits bei der Generalprobe wurden alle Anforderungen an eine Stichprobeninventur erfüllt.

9.2 Praxisbeispiel: Stichprobeninventur im Hochregallager

Praxisbeispiel

Ein norddeutscher Telekommunikationsanbieter hat mithilfe spezieller Software sein Inventurverfahren für das Hochregallager umgestellt. Gegenüber der permanenten Zählung spart das neu eingeführte Stichprobenverfahren nicht nur Zeit – auch die Qualität der Ergebnisse nahm deutlich zu. Rund 1000 Paletten, 4000 Artikel und 30.000 blaue Kunststoffkästen mit mehr als einer Million hochsensibler Einzelteile – für jeden Inventur-Verantwortlichen sind diese Zahlen ein Szenario des Schreckens. In einem norddeutschen Montagewerk der Telekommunikationsbranche sind sie Realität. Der größte Teil der Waren lagert in einem automatischen Hochregallager mit der eingangs beschriebenen Kapazität. Es dient in erster Linie zur Versorgung der Packstraßen mit allen dazu benötigten Teilen vom Akku bis zur Gebrauchsanleitung. Hinzu kommt ein manuelles Lager sowie ein Außenlager mit 5000 weiteren Paletten, das von einem Logistikdienstleister betrieben wird. Früher wurde hier der Bestand des Hochregallagers mithilfe einer permanenten Inventur verfolgt. Der Inhalt der für die Montage benötigten Kunststoffkästen war bei jeder Entnahme vor seiner Rückreise in das Hochregal manuell gezählt worden. Auf diese Weise gab es eine ausreichende Kontrolle über jeden der 30.000 Ladungsträger. Die permanente Inventur war jedoch sehr zeitaufwendig. Hinzu kam, dass ein zwischenzeitlich neu eingeführtes Warehouse-Managementsystem die manuell erfassten Daten nicht mehr verarbeiten konnte. So stand fest, dass das Verfahren mithilfe einer Inventursoftware vereinfacht werden musste. Aufgrund der hohen Bestandsqualität entschied man sich für den Sequenzialtest, der im Unternehmen nun monatlich durchgeführt wird. Das läuft wie folgt: Zunächst wird in das Stichprobeninventursystem der Warenbestand eingegeben, der laut Lagerverwaltungssystem vorhanden sein müsste. Die Inventursoftware errechnet dann eine Stichprobenliste mit 30 Positionen beziehungsweise Ladungsträgern. Diese 30 Kästen werden dann aus dem Hochregallager befördert und deren Inhalt gezählt. Die gesetzlichen Anforderungen an eine Inventur sind mit diesem einfachen Verfahren erfüllt – bei extrem verringertem Zeitaufwand. „Vor allem können wir unsere Bestände nun noch wesentlich genauer qualifizieren", so ein Verantwortlicher und ergänzt: „Die Inventur-Software ist ein zusätzliches Controlling-Instrument für das Lagermanagement und ergänzt die bestehenden Systeme der Lagerbestandsführung".

Ihr Transfer in die Praxis
- Zitieren Sie aus den Praxisbeispielen, um Skeptiker zu überzeugen.
- Zeigen Sie die Verbesserungs-Effekte auf.
- Verweisen Sie auf die Referenzlisten der Systemanbieter für Stichprobeninventuren.
- Nehmen Sie gegebenenfalls Kontakt zu Referenz-Unternehmen auf.

10

Einführungsvorbereitung für die Stichprobeninventur
So klappt es mit dem Start

Eine gute Vorbereitung ist der halbe Erfolg

Was Sie aus diesem Kapitel mitnehmen
- Betriebliche Voraussetzungen für die Stichprobeninventur
- Checklist zur Einführung
- Hinweise zur Auswahl eines Anbieters für Stichprobeninventursysteme

Die Umstellung von der Vollinventur auf Stichprobenverfahren erfordert einige Vorüberlegungen und Abstimmungen. Grundsätzlich muss der Bestand per EDV verwaltet sein, um eine zuverlässige Bestandsfortschreibung zu gewährleisten. Auch die Bestandssicherheit muss ein gewisses Maß aufweisen. Ist die grundsätzliche Eignung des Lagers gegeben, sollten die Erwartungen an die Umstellung formuliert werden. Die Umstellung von der Vollinventur auf Stichprobenverfahren erfordert einige Vorüberlegungen und Abstimmungen. Grundsätzlich muss der Bestand per EDV verwaltet sein, um eine zuverlässige Bestandsfortschreibung zu gewährleisten. Auch die Bestandssicherheit muss ein gewisses Maß aufweisen. Ist die grundsätzliche Eignung des Lagers gegeben, sollten die Erwartungen an die Umstellung formuliert werden. Auch der Wirtschaftsprüfer sollte frühzeitig in das Vorhaben einbezogen sein. In der Regel werden Einsparungen beim Inventuraufwand, Verringerung der Lagerschließzeiten und Vermeidung von Zählfehlern die Hauptziele bilden. Dazu ist es sinnvoll, zunächst den Istzustand zu erfassen. Dabei sollten möglichst die Vollkosten der Inventur betrachtet werden, also nicht nur die reinen Lohnkosten, sondern auch eventuelle Folge- und Begleitkosten. Dem gegenüber zu stellen sind die Kosten für das Stichprobeninventursystem sowie Kosten der Einführung. Die Kosten für das Inventursystem setzen sich zusammen aus der Lizenzgebühr, die in der Regel einmalig zu zahlen ist, sowie der jährlichen Wartungsgebühr. Eventuell kommt auch eine Miete oder ein Mietkauf infrage. Beim Vergleich mehrerer Anbieter sollte unbedingt der Leistungsumfang beachtet werden. Die Systeme unterscheiden sich häufig hinsichtlich der Methodenvielfalt sowie der technischen Umsetzung. Auch der Inhalt der Wartungsvereinbarung sollte beim Angebotsvergleich genau betrachtet werden. Ein wichtiges Kriterium sollte auch die Qualifikation des Anbieters sein. Langjährige Erfahrung im Bereich Stichprobeninventuren, belegt durch namhafte Referenzen, sowie spezialisiertes Personal sind hier wünschenswert. Ein so qualifizierter Anbieter wird seine Expertise sowohl bei der Einführung der Stichprobeninventur als auch bei Abstimmungen mit dem Wirtschaftsprüfer einbringen.

Im Folgenden sollen Fragestellungen und Schritte aufgelistet werden, die zur Vorbereitung und Einführung der Stichprobeninventur relevant sein können.

10.1 Checkliste zur Stichprobeninventur

Aktuelle Inventurprozesse

- Anzahl Standorte/Lager
- Lagerarten (konventionell, Hochregal etc.)
- Inventurarten (Stichtag, permanent)

10 Einführungsvorbereitung für die Stichprobeninventur

- Personalkosten
- Zeitlicher Aufwand
- Fehlerquote/Kontrollzählungen

Zielsetzung mit der Stichprobeninventur

- Reduzierung Personaleinsatz
- Reduzierung Zeitlicher Aufwand
- Vermeidung von Zählfehlern bei der Inventur
- Reduzierung von Kontrollzählungen
- Effiziente unterjährige Bestandskontrollen

Einzubeziehende Bereiche

- Geschäftsführung
- Finanzabteilung
- Controlling
- Wirtschaftsprüfer
- Materialwirtschaft
- IT

Infrastruktur

- ERP-System
- Warenwirtschaftssystem
- Lagerverwaltungssystem
- Zentrale/dezentrale IT
- Datenbanken im Einsatz
- IT-Vorgaben (Datenhaltung)

Organisation der Inventuraufnahme

- Sperrung der Zählpositionen

- Aufnahme per Papierliste
- Aufnahme per MDE
- Rückmeldung im zukünftigen Inventursystem
- Rückmeldung im bestandsführenden System

Auswahl Inventursystem

- Testierung der Systeme durch Wirtschaftsprüfer
- Abdeckung des zulässigen Methodenspektrums

  – Hochrechenverfahren:
  - Mittelwertschätzung
  - Differenzenschätzung
  - Verhältnisschätzung
  - Regressionsschätzung

  – Sequenzialtest

- Verschiedene Inventuroptionen

  – Stichtagsinventur
  – Permanente Inventur statisch
  – Permanente Inventur dynamisch
  – Vollaufnahmeoptionen
  - Nach Wertgrenzen
  - Nach Einzelkriterien

  – Vollständige Inventurdokumentation mit Archivierung

- Schnittstellen

  – Import Bestandsdaten
  – Import Zählmengen
  – Export Zählpositionen
  – Export Differenzenliste
  – Export Buchungsdaten

- Schnittstellenformate
  - Frei konfigurierbar
  - Ascii (Textdatei)
  - SQL-Tabelle resp. -view
- Installationsoptionen
  - Einzelplatz
  - Mehrplatz
- Mandantenfähigkeit
- Berechtigungssteuerung

Auswahl Anbieter

- Erfahrung
  - Referenzen
  - Spezialisierung
  - Historie
- Unterstützung bei Entscheidungsfindung
  - Effizienzanalyse auf Basis von Bestandsdaten
  - Vorstellung der Systeme und Präsentation
  - Abstimmung mit dem Wirtschaftsprüfer
  - Testinventur
- Support
  - Installation der Systeme
  - Inventurbereitschaft
  - Update
  - Technische/fachliche Hotline

Ihr Transfer in die Praxis
- Prüfen Sie die EDV-Technischen Voraussetzungen (Datenverfügbarkeit).
- Planen Sie die Durchführung der Stichprobeninventur (siehe Checklist).
- Holen Sie den Wirtschaftsprüfer an Bord – er sollte dem Inventurplan zustimmen.
- Wählen Sie, falls nicht schon geschehen, einen Systemanbieter für das Inventursystem aus. Die Checklist gibt hierzu Hinweise.

Teil II

Optimierte Bedarfsplanung und Disposition für Industrie und Handel (von Carsten Scherer)

11

Einleitung
Worum es hier geht

Wir sind doch schon gut, was gibt es da zu optimieren?

> **Was Sie aus diesem Kapitel mitnehmen**
> - Worum geht es bei der Bestandsoptimierung eigentlich?
> - Wo sind die Baustellen im Bestandsmanagement?
> - Was gibt es für Hilfsmittel?

Warum haben wir eine schlechte Lieferfähigkeit trotz enormer Bestandskosten? Wie steigern wir die Lieferfähigkeit und reduzieren gleichzeitig die Kosten?
Aufgrund der realen Situation im Industrie- oder Handelsunternehmen sollen diese beiden Fragen von Führungskräften durch Kenntnis der durchaus komplexen Zusammenhänge beantwortet werden können. Natürlich kann eine schon optimale Situation nicht weiter verbessert werden. Die technische Hardware für Produktion und Logistik ist auf einem sehr hohen Niveau angekommen. Leider sind moderne Planungs-

und Dispositionssysteme nur selten im Einsatz und die Ausbildung dafür geeigneter Supply Manager[1] (SUMA) hinkt oft weit hinter den Anforderungen zum Betrieb solcher Systeme hinterher. Daher ist das Optimum meist sehr weit entfernt, so dass ein enormes Potenzial durch konsequente Anwendung des in diesem Buch beschriebenen Wissens für Praktiker möglich ist. Die Inhalte dieser Arbeit basieren auf der Erfahrung von mehr als fünfundzwanzig Jahren in Handel und Industrie des Autors. Der Autor selbst ist Erfinder und initialer Ideengeber für die erfolgreiche Standardlösung Logomate der Remira, deren Gründer er auch ist. Die theoretischen Grundlagen sind bewusst allgemein und möglichst einfach gehalten. Zur Verdeutlichung werden Screenshots von Logomate verwendet, wenn die Zusammenhänge hierdurch klarer werden oder besser nachvollziehbar sind. Alle Erkenntnisse sind jedoch allgemein gültig und können auch mit anderen Lösungen erreicht werden, sofern die Funktionalität ähnlich oder vergleichbar ist. Die Arbeit wendet sich an Führungskräfte aus Industrie und Handel. Es sollen die wichtigsten Grundlagen vermittelt werden, damit Führungskräfte gute Organisationen für Bedarfsplanung und Disposition entwickeln und sowie das dafür geeignete Personal (u. a. die SUMAs) auswählen und führen können. Auch der kompetente SUMA sollte das Wissen dieses Buches haben. Es ist auch förderlich, wenn seine Kollegen aus Einkauf, Vertrieb, Logistik und Produktion dieses Grundwissen für bessere Kommunikation haben. Kompetente Mitarbeiter, die als SUMAs nicht nur große Material- oder Warenbewegungen auslösen, sondern auch entsprechende große Geldflüsse, sind die wichtigste Grundlage. Was nützt die beste Organisation oder die beste Softwarelösung, wenn die Mitarbeiter sie nicht richtig bedienen? Die Geschäftsleitung muss hierfür auch ausreichend fachliche Kompetenz haben, da sie die Gesamtverantwortung für das Geld und die Ressourcen hat, die ihnen von Aktionären oder Gesellschaftern anvertraut werden.

---

[1] Der im Deutschen männliche Begriff „Manager" umfasst natürlich Frauen wie Männer. Im weiteren Verlauf wird rein aus Platzgründen „der Manager" oder der „SUMA" als Begriff verwendet. Inhaltlich ist die Verwendung geschlechtsneutral. Das Gleiche gilt für „Verkäufer", „Einkäufer", „Planer" etc.

Ihr Transfer in die Praxis
- Erkennen von Optionen für Verbesserungen
- Suche nach Verbündeten
- Gemeinsames Durcharbeiten der Kapitel dieses Buches

12

Motivation und Aufgabenstellung
Professionelle Bestandsplanung spart Geld und Ärger

Planung ersetzt Zufall durch Irrtum – oder doch nicht?

Was Sie aus diesem Kapitel mitnehmen
- Was versteht man unter Bestandsoptimierung?
- Was sind die Ziele der professionellen Bestandsoptimierung?

Bedarfsplanung und Disposition ist organisatorisch, technisch und emotional/politisch die anspruchsvollste operative Aufgabe in Industrie und Handel. Es muss die Zukunft vorhergesehen und simuliert werden, da nicht aufschiebbare Dispositionsentscheidungen jederzeit getroffen werden müssen um eine maximale Verzinsung des eingesetzten Kapitals nach bestem Wissen (und Gewissen!) zu erzielen. Das ist eine extrem schwierige permanente operative Aufgabe mit enormen bilanziellen Auswirkungen, die nur von gut trainierten und auch angemessen gut bezahlten Profis durchgeführt werden sollte. Zunächst werden nun einige negative Symptome in der betrieblichen Praxis beschrieben, um Lösungsansätze für bessere Planung und Disposition zu begründen.

12.1 Der beste Verkäufer ist der schlechteste Planer

Sehr oft hat der Autor in der Praxis das Planungsprimat der Verkäufer bzw. des Vertriebs erlebt, dem die anderen Bereiche des Unternehmens folgen sollen: Der Vertrieb macht ab und zu eine Planung der Umsätze, nicht der Produkte, aus der im schlimmsten Fall die gesamte Detailplanung von Beschaffung, Produktion und Logistik abgeleitet werden soll. Dieser Planungsansatz scheitert immer, weil die besten Verkäufer keine Lust, keine Zeit, keine Ausbildung und kein Interesse an guter Planung haben.[1] Sie benötigen Lieferfähigkeit durch hohe Bestände oder sofortige Produktion, damit immer alles sofort verkauft werden kann und der Verkäufer seine Umsatzziele erreicht. Warum auch nicht? Wenn er die Chance sieht, mehr oder etwas anderes zu verkaufen als geplant, macht er das! Einen Verkäufer, der eine gute Planung erstellt, kann es nicht geben, da er dafür nicht ausgebildet, trainiert und fokussiert wird.[2]

12.2 Persönliche Interessen beeinflussen Planung und Disposition

Welches Eigeninteresse haben Einkauf, Vertrieb, Logistik, Produktion, Import/Export, Versand oder sonstige Verwaltung eines Unternehmens hinsichtlich Lieferfähigkeit, Losgrößen, Beschaffungs- und Produktionszeiten, Planungszielen etc.? Ich garantiere Ihnen: Jeder Bereich und innerhalb eines Bereichs jeder beteiligte Mitarbeiter hat unterschiedliche, individuelle Ziele hinsichtlich Planung und Disposition, die zu großen

---

[1] Ein guter Verkäufer verschwendet doch keine Arbeitszeit für Planung, im Gegenteil, ihm ist jede Planung gleichgültig. Wichtig ist nur das nächste Geschäft, die Steigerung des Umsatzes. Diese Haltung ist aus Vertriebssicht richtig.

[2] Anders ausgedrückt: Die gute Planung eines Verkäufers kann nur ein Glückstreffer sein.

Zielkonflikten führen. In meiner Praxis habe ich zahlreiche auch lautstarke Auseinandersetzungen über IST- und SOLL-Zustände im Unternehmen hinsichtlich Bestände, Lieferfähigkeit, Auslastung der Kapazitäten an der richtigen und falschen Stelle etc. mitbekommen, die sogar tägliche Routine sind. Welche typischen Interessen haben nun die einzelnen wichtigen Bereiche aus Industrie und Handel?

Vertrieb

- höchste Lieferfähigkeit, am besten alles in großer Menge sofort verfügbar
- möglichst geringe VK-Preise, damit man beste Verkaufschancen hat

Weiterhin denkt bzw. plant ein Verkäufer umsatzbezogen und nicht produktbezogen. Eine Disposition kann aber nur produktbezogen funktionieren (s. weiter unten).

Einkauf

- geringste EK-Preise
- hohe Lieferantenqualität (was immer das auch konkret ist)

Daraus leitet sich ab, dass kurze Lieferzeiten und geringe Bestellmengen keine Priorität haben obwohl sie sehr kostenrelevant und risikomindernd sind. Es muss gute Gründe für lange Lieferzeiten mit großen Beschaffungsmengen geben.

Logistik

- maximal genutzte homogene, große Verpackungseinheiten (LKW, Container, Paletten, Kartons etc.)
- hohe Kapazitäten für Material- bzw. Waren-Eingang und -Ausgang
- hohe Lagerkapazitäten

- schnelle und stabile Systeme (Fördersysteme, Fuhrpark, geringe Ausfallzeiten)[3]
- minimale Verwaltungsaufwände durch Minimierung der Transaktionen bei höheren Transaktionsmengen

Produktion

- maximale Auslastung der Produktionskapazität
- minimale Anzahl Rüstvorgänge und minimaler Rüst- und Reinigungsaufwand
- minimaler Ressourcenverbrauch (u. a. Personal, Werkzeuge, Betriebs- und Hilfsstoffe)
- schnelle und stabile Produktionssysteme[4]

Die jeweiligen Ziele sind gegensätzlich und nicht immer bekannt in anderen Bereichen eines Unternehmens.

12.3 Unser Unternehmen ist ganz individuell und funktioniert anders

Der Autor hat in der Praxis sehr oft Gegenwind bei Prozess- und Systemänderungen bekommen mit diesem „Totschlagargument". Vorweg: **Für Bedarfsplanung und Disposition ist diese Aussage falsch!** Natürlich gibt es keine zwei gleichen Unternehmen. Die Grundprinzipien und Handlungsempfehlungen von Bedarfsplanung und Disposition sind jedoch so fundamental wie die Naturgesetze. Ein Kampf gegen Naturgesetze ist aussichtslos oder verursacht enorme Kosten und Schäden. Auch die Prozesse und Methoden in Industrie und Handel sind grundsätzlich gleich oder sehr ähnlich. Es gibt nur begriffliche Unterschiede

---

[3] Dieser Punkt ist heute in den meisten Fällen gelöst oder lässt sich mit entsprechenden Investitionen schnell lösen.
[4] Dito, auch gelöst.

> **Allgemeines zu Industrie und Handel**
>
> In der Industrie spricht man von Material oder „Rohstoffen". Im Handel von „Waren".
>
> Für die Methoden der Bedarfsplanung
> in Industrie und Handel spielt das keine Rolle!
> Nur die Begriffe müssen getauscht werden.

Abb. 12.1 Industrie und Handel sind methodisch gleich

wie Material/Ware bzw. Materialwirtschaft oder Warenwirtschaft.[5] Der Handel kennt die Begriffe „Stückliste" bzw. „Rezeptur" nicht so gut. Im Handel gibt es aber u. a. die Begriffe „Set" oder „Display", die das gleiche bedeuten. Im Handel gibt es kaum den Begriff „Produktionskapazitäten". Hier sind Lager-, WE oder WA-Kapazitäten von großer Bedeutung. Eine Rüst- und Reihenfolgeplanung ist in den meisten Fällen im Handel zwar nicht notwendig,[6] aber eine Wareneingangskapazitäts- und damit verbundene Reihenfolgeplanung ist bei LEH-Zentrallagern von großer Bedeutung.[7] Eine grobe Unterscheidung zwischen Handel und Industrie besteht oft in der hohen Anzahl Artikel und SKUs (Handel!) sowie in der Berücksichtigung von Kapazitäten und Produktionsbedingungen (Industrie!). Die Prozesse/Systeme und Empfehlungen für Optimierungen sowie Steigerung der Rendite sind immer gleich (Abb. 12.1).

---

[5] Viel mehr fällt mir auch schon gar nicht mehr ein. Statt „Material" bzw. „Ware" kann man sich auf „Produkt" oder „Artikel" einigen …

[6] Trotzdem bin ich oft überrascht, worden, dass z. B. Großhandelsunternehmen eine mehr oder weniger komplexe Produktion von Set-Artikeln selbst produzieren oder in selbstgesteuerter Fremdfertigung produzieren lassen.

[7] Selbst in den Medien wird von langen LKW-Schlangen vor den Toren großer Zentralläger berichtet.

12.4 Transaktionssysteme können gut buchen aber schlecht rechnen

Industrie und Handel setzen heute zu fast 100 % mehr oder weniger moderne Material- oder Warenwirtschaftssysteme ein.[8] Diese Systeme werden auch als „Transaktionssysteme" bezeichnet und haben folgende Kernaufgaben:

1. Buchung und Pflege der Stammdaten (Standorte, Lieferanten, Artikel, Produktionsmittel, Beschaffungs- und Produktionskonditionen etc.)
2. Buchung der Transaktionsdaten[9] (Lieferanten- und Kundenaufträge, Zugänge, Abgänge, Reservierungen, Sonderaktionen, Kontrakte etc.)
3. Reporting: Bereitstellung von gebuchten Daten/Informationen zur Erkenntnis- und Entscheidungsfindung.

Obwohl meist moderne Transaktionssysteme eingesetzt werden, die auch oft enorme Investitionen verlangt haben, wird die Planung und Disposition von verantwortlichen Entscheidern und – noch schlimmer: von Kunden oder Verbrauchern – zu Recht oft als „schlecht" empfunden, ohne genau sagen zu können, was „gut" oder „schlecht" genau ist. Kunden empfinden OoS[10] (s. u.) als stark negativ, ihnen sind zu hohe Bestände beim Lieferanten egal. Manager empfinden OoS wg. entgangenem Umsatz/Ertrag und zusätzlich hohe Bestandskosten als „schlecht". Weiterhin sind trotz moderner Transaktionssysteme meist immer noch aufwändige und teure manuelle Prozess- und Entscheidungsschritte für Planung und Disposition notwendig. Der Grund dafür ist simpel: **Transaktionssysteme können gut buchen, aber schlecht rechnen.** Sie basieren in nahezu allen Fällen auf einer ausgereiften relationalen Datenbanktechnologie zum Buchen aktueller Daten und Selektieren/Analysieren von in den allermeisten Fällen historischen Daten. Die Aufgabenstellung von Bedarfsplanung und Dis-

---

[8] MaWS oder WWS.
[9] Bewegungsdaten.
[10] Out-of-Stock-Situationen.

12 Motivation und Aufgabenstellung

position ist jedoch eine ganz andere: Alle relevanten Daten des Transaktionssystems sollen dazu verwendet werden, eine möglichst genaue Simulation der Zukunft zu ermöglichen, damit eine jetzt notwendige Dispositionsentscheidung so optimal wie möglich ermittelt wird. Jede einzelne Entscheidung basiert auf Massendaten. Die Technologie für ein solches Simulations- und Entscheidungssystem basiert auf anderen Software-Architekturschwerpunkten, die wiederum nicht für Transaktionen geeignet sind:

- spezifische Algorithmen für Planung und Disposition
- Algorithmen für die massenhafte Simulation von zukünftigen Bestandsverläufen und Auslastungen von Produktionsmitteln oder begrenzten Ressourcen

Hierfür müssen Daten aus dem Transaktionssystem optimal mit den Algorithmen im Hauptspeicher möglichst nah verknüpft werden, damit das rechentechnisch schnell genug gelingt.[11] Auch moderne hauptspeicherbasierte SQL-Datenbanken sind nicht in der Lage, diese Anforderungen im Zusammenhang mit der übergeordneten Anwendungssoftware gut zu lösen. Umgekehrt gilt: **Simulationssysteme können schnell rechnen, aber nicht buchen.** Diese an Heisenbergsche Unschärferelation erinnernde Erkenntnis führt zum Schluss, dass man beide Systeme, also Transaktionssystem und optimierendes Simulationssystem benötigt. Das Transaktionssystem ist das führende System für die konsistente Datenhaltung. Durch gesteuerte Synchronisation über definierte schnelle(!) Schnittstellen wird das Simulationssystem auf Stand gehalten und hier können die Entscheidungen errechnet bzw. vorbereitet werden. Im weiteren Verlauf wird der Begriff „Dispositionssystem" auch im Zusammenhang mit den Eigenschaften eines Simulationssystems ver-

---

[11] Seit Jahrzehnten predigt die Informatik zu Recht, dass Algorithmen und Daten möglichst getrennt designt und verarbeitet werden. Dies ist eine Erkenntnis zur Qualitäts- und Sicherheitssteigerung in der Software-Entwicklung.

wendet. Ein Dispositionssystem ist also ein spezielles Simulationssystem. Disposition kann unterschieden werden nach

- **Bestandsdisposition**
  Disposition von Bestellungen/Aufträge an externe und interne Lieferanten (meist) ohne Berücksichtigung von detaillierten Produktionsrestriktionen mit *werktagsgenauer* Planung. Der Planungshorizont ist i. d. R. länger und liegt zwischen 4 Wochen und 12 Monaten auf Tagesbasis. Man verwendet hier auch oft die Bezeichnung „Grobplanung". Für interne Lieferanten aus der Produktion werden Stücklisten oder Rezepturen verwendet.
- **Disposition von Produktionsaufträgen**
  Aufträge an interne Lieferanten (Werke, Produktionslinien, Maschinen) mit Berücksichtigung detaillierter Produktionsrestriktionen und Anweisungen (Stücklisten/Rezepturen, Kapazitäten, Ressourcen, Arbeitspläne, Schichten, Rüst- und Reinigungsrestrktionen/-anweisungen etc.). Der Planungshorizont ist i. d. R. kürzer und liegt i. d. R. zwischen 7 Tagen und 4 Wochen mit *uhrzeitgenauer* Planung. Man verwendet hier auch oft die Bezeichnung „Feinplanung".

Um die besten Ergebnisse zu erlangen, benötigt man im Handel ein Planungs- und Dispositionssystem auf Tagesbasis (außer ggf. extreme Frische wie Obst und Gemüse). In der Industrie wird ein System benötigt, das Grob- und Feinplanung in einem System idealerweise integriert, d. h., eine Datenänderung an beliebiger Stelle führt automatisiert außerhalb der „Frozen Zone"[12] zu geänderten oder neuen simulierten Aufträgen oder Eskalationsmeldungen, um auf die geänderte Datenlage optimal zu reagieren. Weiterhin wird eine Kombination von „retrograder"[13]

---

[12] „Frozen Zone" ist der Zeitbereich ab jetzt, bis zu dem Produktionsaufträge geändert oder neu eingelastet werden dürfen. Je kleiner die Frozen Zone, desto größer die Flexibilität, aber auch die Kostenbelastung durch höhere Auftragsfrequenzen und z. B. damit verbundenen Rüst- und Reinigungskosten.

[13] Retrograd: Top-Down, also vom Fertigprodukt zum Vormaterial.

und „progressiver"[14] Planung benötigt, die vom Fertigprodukt zum Vormaterial, aber auch vom Vormaterial zum Fertigprodukt rechnet und simuliert.

12.5 Gegen Geld kann man nicht argumentieren

Produktions-, Logistik oder Verkaufssysteme[15] aus Industrie und Handel sind in hochentwickelten Ländern entsprechend hochoptimiert. Anders sieht es bei den Planungs- und Dispositionssystemen in den beiden Bereichen aus. Hier wird aus vielen Gründen oft noch sehr manuell und mit schlechter Performance vorgegangen. Oft gibt es Daten- und Systembrüche.[16] Da die dispositive Entscheidung alles auslöst und in Bewegung setzt, ist sie von fundamentaler Bedeutung für das operative Ergebnis in Industrie und Handel. Jede noch so kleine Verbesserung der Planung und Disposition führt durch die hohe Zahl an Transaktionen zu absolut meist enormen positiven Verbesserungen der Jahresbilanz. Es gibt sicher immer viele Gründe, die anspruchsvolle und manchmal auch mühsame Verbesserung der Planung und Disposition anzugehen. Nicht selten muss die gesamte Organisation „umgekrempelt" bzw. neu aufgestellt werden. Die typischen emotionalen, psychologisch begründbaren Widerstände gegen Veränderungen und auch Automatisierung sollen hier nicht detailliert ausgearbeitet werden, sondern die „Belohnung" soll motivieren:

1. Mehr Umsatz durch bessere Verfügbarkeit oder Lieferfähigkeit bzw. geringere Fehlkosten.[17]

---

[14] Progressiv: Bottom-Up, also vom Vormaterial zum Fertigprodukt.
[15] Hiermit sind modernste Fertigungssysteme in der Industrie und z. B. Filialsysteme im Handel gemeint. Die Hard- und Software für Transport- und Lagersysteme fällt auch darunter.
[16] Wie oft hat der Autor trotz eines modernen Transaktionssystems MS-Excel als „System" für Bedarfsplanung und Disposition im Einsatz gesehen. Die Datenversorgung von Excel ist dabei i. d. R. nicht vollständig und meist fehlerhaft.
[17] „Mehr Umsatz" lässt sich monetarisieren durch „Geringere Fehlkosten". Jede OoS impliziert einen entgangenen Rohertrag bzw. „Handelsspanne" = direkte Fehlkosten.

2. Geringere Kosten durch geringe Bestände und weniger Kapazitäts- und Ressourcenverbrauch.
3. Geringere Kosten durch Automatisierung.

In der Praxis ist durch die Einführung eines Planungs- und Dispositionssystems der ROI in 6–12 Monaten ab Inbetriebnahme üblich.[18] **Danach wird das Betriebsergebnis oft im siebenstelligen Bereich pro Jahr verbessert.** Es gibt keinen Grund, warum man diese Gewinne nicht erzielen sollte, zumal auch der Ressourcenverbrauch i. d. R. deutlich gesenkt wird und die Klimabilanz verbessert wird.

12.6 Unabhängigkeit

Ein weiterer wichtiger Aspekt ist der Fachkräftemangel und die steigende Fluktuation auf dem Arbeitsmarkt. Nur durch Automatisierung kann die menschliche Arbeit auf das Wesentliche konzentriert werden: Die Kommunikation mit Menschen, um Eskalationen, die rechnerisch nicht gelöst werden können, durch Entscheidungen zu lösen. Routinetätigkeiten müssen durch Automatisierung minimiert werden. Gleichzeitig wird die Abhängigkeit von einzelnen Personen durch Verlagerung der „Routineintelligenz" in das maschinelle Planungs- und Dispositionssystem minimiert. Krankheit, Urlaub oder auch Kündigung sind keine großen Probleme mehr. Vertretung kann problemlos durch einen trainierten SUMA übernommen werden, wenn die Daten stimmen und die Parameter und Konditionen des Planungs- und Dispositionssystems „passen" bzw. das System gut eingefahren ist.

12.7 Aufgabenstellung

Angenommen, es liegt *jetzt* eine akzeptierte Bedarfsplanung für die nächste Zeit von allen Beteiligten Personen oder Instanzen[19] vor, dann lässt sich folgendes **Allgemeines Optimierungsziel** für die Disposition

---

[18] ROI = Return On Invest – Zeitspanne, bis das Investment durch Optimierung wieder „reingeholt" wird. Transaktionssysteme schaffen das i. d. R. nicht, da man auch nur sehr schwer die Optimierungen genau messen kann.
[19] Im optimalen Fall durch ein optimierendes Simulationssystem s. o.

formulieren: **Es soll so in Material/Waren, Kapazitäten und Ressourcen investiert werden, dass eine maximale Verzinsung des eingesetzten Kapitals entsteht.** Mathematisch lässt sich diese Aufgabe leider nur näherungsweise lösen. Man bedenke, dass auch der Bedarfsplan sich in dem Moment schon ändert, wenn man ihn als Grundlage für die Dispositionsentscheidung verabschiedet hat. Weiterhin sind die Rahmenbedingungen der Bedarfsplanung und Dispositionsrechnung so zahlreich, komplex und indirekt verschachtelt, dass eine vollständige mathematische Modellbildung nicht möglich ist.

Das **Praktische Optimierungsziel** lässt sich so formulieren: **Es muss durch geeignete Prozesse und Systeme nachweislich immer rentabler werden!** „Nachweislich" bedeutet, dass der Prozess monetär dokumentiert[20] und regelmäßig ausgewertet werden muss, um den Nachweis der Verbesserung zu führen sowie Verschlechterungen sofort zu erkennen und entgegen zu wirken. Weiterhin gilt: Jede (manuelle) Planung ist in dem Moment veraltet, in dem sie verabschiedet[21] wird, denn die Zeit schreitet voran. Im Gegensatz zu automatisierten Planungs- und Dispositionsprozessen mit hochoptimierenden Simulationssystemen, können manuelle Planungs- und Dispositionsprozesse nicht schnell und richtig auf neue Daten bzw. Änderungen der Rahmenbedingungen reagieren.

Die zentralen Fragen sind:

- Welche Daten benötigen diese optimierenden Simulationssysteme und wie funktioniert die Kommunikation mit dem Transaktionssystem?
- Welche Verfahren werden mit diesen Daten angewendet?
- Welche Organisation unterstützt die Planungs- und Dispositionsprozesse möglichst gut?
- Welche Anforderungen werden an die eigentlichen Planer[22] und deren Führung gestellt?

---

[20] Engl. „logged", d. h. datentechnisch mitgeschrieben.
[21] Man beachte die Doppeldeutigkeit von Verabschiedung!
[22] In dieser Arbeit werden die Planer „Supply Manager" (SUMA) genannt.

Diese Fragen sollen in den nächsten Abschnitten beantwortet werden.

> **Ihr Transfer in die Praxis**
> - Schaffen Sie sich einen Überblick über den aktuellen Planungs- und Dispositionsprozess.
> - Wer trifft in den Prozessen Entscheidungen und auf welcher Basis?
> - Identifizieren Sie eventuelle Interessenkonflikte.
> - Erarbeiten Sie Vorschläge zur Prozessverbesserung.

13

Begriffe und Definitionen
Planungsbegriffe erklärt

Das klingt nach einem Plan – aber was bedeutet es?

Was Sie aus diesem Kapitel mitnehmen
- Erklärungen zu Fachbegriffen für Planung und Disposition
- Verständnis für die Terminologie in Planung und Disposition
- Auflösung von Abkürzungen

Synonyme für Bedarfsplanung sind in diesem Kontext

- Absatzplanung (von Waren, Endprodukten, Fertigprodukten)
- Verbrauchsplanung (von Zwischen- oder Einkaufsprodukten)
- Demand-Planning (das ist der passende englischsprachige Begriff)

Ein **Artikel** bezeichnet in Material- oder Warenwirtschaft die Instanz mit den unternehmensübergreifenden **Stammdaten** wie

- Artikel-ID[1]
- Bezeichnung
- Abmessungen, Gewicht, Farbe (Produkteigenschaften)
- ggf. EK-Preis
- ggf. VK-Preis
- Basiseinheit und Bestelleinheiten
- etc.

Ein besonders wichtiger Begriff ist „SKU" – **Stock Keeping Unit**. Die SKU ist die standortabhängige Erweiterung oder Spezialisierung des Artikels. In einem einstufigen Lagersystem ist Artikel oft identisch mit SKU. Anders ausgedrückt: Der Artikel beinhaltet die unternehmensweit gültigen Stammdaten, während die SKU die standortspezifischen Stammdaten ergänzt oder übergeordnete Artikelstammdaten spezialisiert (überschreibt). Die SKU ist das „Atom" für Planung und Disposition. An der SKU werden weiterhin die Bewegungsdaten (s. Abb. 13.1) gekoppelt. Auch in einstufigen Systemen sollte man immer mit der SKU arbeiten, obwohl oft makroskopisch keine Unterscheidung zwischen Artikel und SKU vorliegt. Ein Filialisierung, d. h. Übergang zur Mehrstufigkeit, kann jedoch jederzeit erfolgen, so dass der Allgemeinfall hier gleich abgedeckt werden sollte. Der Begriff „Artikel" wird im weiteren Verlauf für standortübergreifende Eigenschaften konkreter SKUs verwendet. Die SKU wird immer im Kontext des Standortes verwendet.

Ein weiterer Begriff ist „**DPU**" – „**Demand Planning Unit**".[2] In bestimmten Fällen kann auf SKU-Ebene keine gute Bedarfsplanung erstellt werden, so dass auf eine DPU-Ebene die dafür notwendigen Daten mehrerer SKUs verdichtet werden und auf dieser Ebene die Bedarfsplanung ausgeführt wird. In diesem Fall liegt für den Artikel auf DPU-Ebene die Planungsebene für Verbrauch, aber nicht für Disposition. Disposition kann nur auf SKU-Ebene erfolgen (Abb. 13.2 und 13.3).

Ein typisches Beispiel sind Textil-Artikel, die sich aufgrund der komplexen Ausprägungsformen (u. a. Größe, Farbe) oft nicht auf SKU-Ebene planen lassen, so dass eine Daten-Verdichtungsebene in Form einer ge-

---

[1] Eindeutiger Identifizierer, z. B. Material- oder Artikelnummer.
[2] Verbrauchsplanende Einheit.

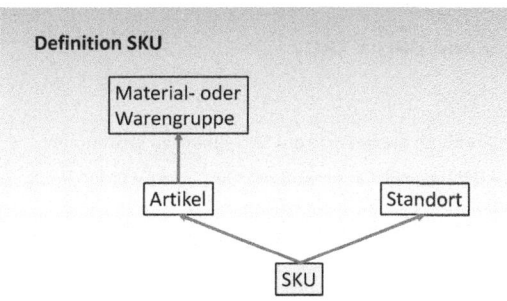

Abb. 13.1 Definition einer SKU

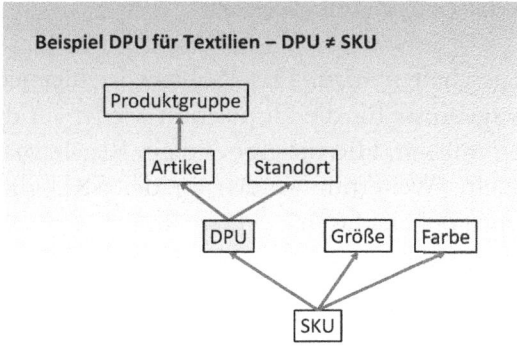

Abb. 13.2 Beispiel für eine DPU aus dem Textil- bzw. Fashionbereich

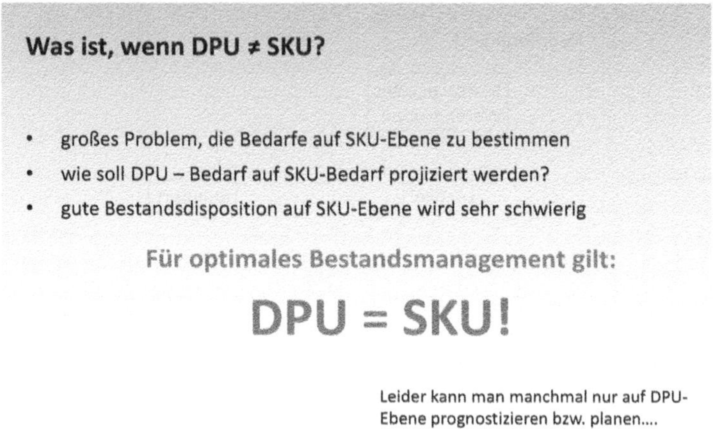

> **Was ist, wenn DPU ≠ SKU?**
>
> - großes Problem, die Bedarfe auf SKU-Ebene zu bestimmen
> - wie soll DPU – Bedarf auf SKU-Bedarf projiziert werden?
> - gute Bestandsdisposition auf SKU-Ebene wird sehr schwierig
>
> Für optimales Bestandsmanagement gilt:
>
> ## DPU = SKU!
>
> Leider kann man manchmal nur auf DPU-Ebene prognostizieren bzw. planen….

Abb. 13.3 Sonderfall DPU ist nicht gleich SKU

eigneten DPU geschaffen wird. Das Problem ist hier jedoch, dass die DPU-Planungsergebnisse für die Disposition wieder auf die SKU-Ebene projiziert werden müssen. Hierfür gibt es dann Regeln bzw. Projektionsmethoden/-formeln. Weiterhin werden an der SKU die **Bewegungsdaten**, auch „**Transaktionsdaten**", gekoppelt.

Bewegungsdaten sind u. a.

- **Verbräuche** (Verkäufe)
- **Zugänge** (Einkäufe, Produktionen)
- offene **Beschaffungsaufträge** (offene Bestellungen an externe Lieferanten oder interne Produktion)
- **Events** besondere Verbrauchsereignisse (u. a. Verkaufsaktionen, Einmalereignisse etc.) in einem Zeitintervall
- **Reservierungen** bzw. Verbrauchsaufträge (jetzt schon bekannte Bestellungen von Kunden, Produktionsmengen-Aufträge) zu einem genauen Termin

13 Begriffe und Definitionen

- **Bestand** (definierter Buchbestand aus dem Material- oder Warenwirtschaftssystem zum Termin, ggf. uhrzeitgenau)

Alle Transaktionsdaten bilden nützliche Zeitreihen für Bedarfsplanung und Disposition, die auch in Kombination ermittelt und angewendet werden. **Periode** bezeichnet für Bedarfsplanung die zeitliche Verdichtungsebene der Verbrauchsdaten. Hier sind folgende Perioden aus praktischen Gründen relevant:

- Tag
- Woche
- Monat
- Jahr (spielt in der operativen Bedarfsplanung hier und in der Praxis keine Rolle, manchmal Grundlage für strategische Bedarfsplanung und Infrastrukturentscheidungen)

Für jede Periode kann also aus den historischen Verbrauchsdaten verdichtet werden, so dass Stützstellen der Verbrauchzeitreihe in der jeweiligen Periode entstehen. Im Glossar werden wichtige allgemeine Begriffe für Bedarfsplanung und Disposition kurz erläutert, die im weiteren Verlauf dieses Buches wichtig sind.

Ihr Transfer in die Praxis
- Machen Sie sich mit der einschlägigen Terminologie vertraut.
- Vermitteln Sie dieses Wissen an Ihre im Beschaffungsprozess beteiligten Kollegen. So wird die Kommunikation homogener und Missverständnisse minimiert.

14

Industrie- und Handelsmodelle
Unterschiede und Gemeinsamkeiten der Bestandsverwaltung

Alle sind gleich – aber manche sind gleicher als andere

Was Sie aus diesem Kapitel mitnehmen
- Unterschiede bei Handel und Industrie
- Gemeinsamkeiten bei Handel und Industrie
- Unterschiedliche Begrifflichkeiten bei Handel und Industrie

Industrie und Handel lassen sich allgemein mit folgendem Modell für Supply Management beschreiben. Handelsmodelle lassen sich daraus ableiten.[1] In der Industrie unterscheidet man

- „Fertigprodukte", Synonyme sind u. a. „Fertigmaterial", „Fertigartikel", „Endprodukte", „Verkaufsprodukte",
Fertigprodukte verlassen das Unternehmen (Werk) in Richtung Kunde bzw. Verbraucher,

---

[1] Bitte berücksichtigen: Auch Handelsunternehmen können Produktionen haben. Dann wird das komplette Industriemodell auch hier gültig.

- „Zwischenprodukte", Synonyme sind u. a. „Halbfertigprodukte", „Module",
  Zwischenprodukte werden der Produktion wieder zugeführt um weitere Zwischenprodukte oder Fertigprodukte zu produzieren,
- „Vormaterial", Synonyme sind u. a. „Einkaufsprodukte", „Rohstoffe",
  Vormaterial wird von externen Lieferanten zur Versorgung der Produktion bestellt. Im Spezialfall, dass Vormaterial auch gleichzeitig Fertigprodukt ist, also ohne Produktion gleich ins Fertigproduktlager oder direkt an den Verbraucher geht, handelt es sich um „Handelsware" und wir haben den abgeleiteten Handelsprozess,
- „Hilfs- und Betriebsmittel",
  Hilfs- und Betriebsmittel sind alle Materialien, die für Produktion und Logistik benötigt werden, aber nicht in die Fertigprodukte – und damit auch nicht in die Zwischenprodukte – „eingebaut" werden. Sie können wie Handelsware betrachtet werden, mit dem eigenen Unternehmen als Kunden bzw. Verbraucher. Sie werden im Weiteren daher nicht gesondert beschrieben und lassen sich entsprechend wie Handelsware abbilden.

14.1 Allgemeines Industriemodell

Die in der Abb. 14.1 eingezeichneten „Puffer" sind Lagerkapazitäten, die kundenanonyme Bedarfe aufzunehmen. „Kundenanonym" bedeutet, dass Bedarfe durch Bedarfsplanungen entstehen, die nicht konkreten Kundenaufträgen bzw. Verbrauchern zugeordnet sind. Beispielsweise macht die Herstellung von Massenkonsumgütern meist nur kundenanonym Sinn, da eine Fertigung auf Basis konkreter Aufträge produktionstechnisch nicht möglich, viel zu teuer oder zu langsam ist. Vorprodukte müssen in der Regel schon deshalb oft kundenanonym bestellt werden, da keine direkte Verbindung zu Kundenaufträgen besteht und oft lange WBZ berücksichtigt werden müssen. Weiterhin können über Stücklisten und Rezepturen viele Fertig- und Zwischenprodukte an einem Vormaterial „ziehen". Die typischen Handelsmodelle lassen sich aus dem allgemeinen Industriemodell ableiten. Wenn keine „Produktion" in Form von z. B. Verpackungsprozessen vorliegt, hat man für typischen Groß-

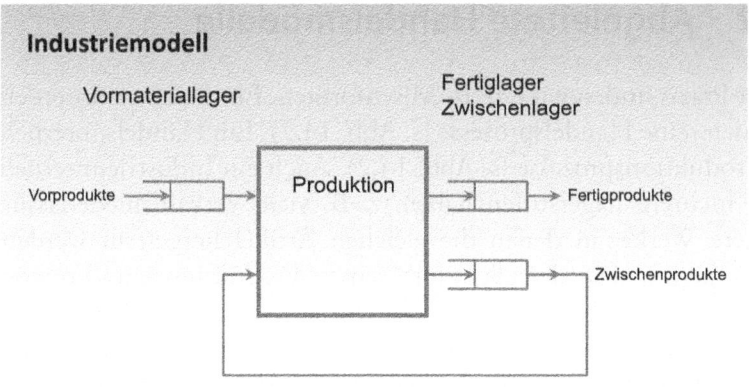

Abb. 14.1 Das allgemeine Industriemodell – auch für Handel

handel ein sehr einfaches Modell. Die Komplexität ist im Handel im Allgemeinen jedoch nicht geringer als in der produzierenden Industrie, sie entsteht meist durch die enorme Anzahl an SKUs über komplexe Handelsbeziehungen zu Lieferanten und Kunden mit komplexen Rahmenbedingungen („EK-Konditionen"). Weiterhin können in sehr großen Handelsunternehmen[2] mehrstufige Lagersysteme vorhanden sein. In der ersten Stufe liefern die externen Lieferanten in das Zentrallager. Von dort werden die SKUs auf die 2. Stufe, den Filialen, bedarfsgerecht verteilt. Hierbei sind weitere Lagerstufen wie Regionalläger, Spezialläger für extreme Frische (u. a. Obst & Gemüse) oft vorhanden. Wie gesagt, die Komplexität ist auch im Handel hoch bis sehr hoch.

---

[2] In Deutschland sind hier die großen Unternehmen aus dem LEH gute Beispiele.

14.2 Abgeleitete Handelsmodelle

In der Praxis finden wir i. d. R. Mischformen. Ein Industrieunternehmen hat auch reine Handelsprozesse (s. Abb. 14.2). Ein Handelsunternehmen hat Produktionsprozesse (s. Abb. 14.2). Auch ein Industrieunternehmen kann mehrere Lagerstufen haben, z. B. viele Verkaufsniederlassungen, mehrere Werke, in denen die gleichen Artikel hergestellt werden etc. Man erkennt, dass der „Standort" einen Produktions- und/oder einen Lagerstandort identifiziert. Zusammen mit der Artikel-ID bildet die Standort-ID die SKU-ID. Die wichtigste Erkenntnis aber lautet: **Eine Unterscheidung zwischen Industrie und Handel macht für Supply Management keinen Sinn.**

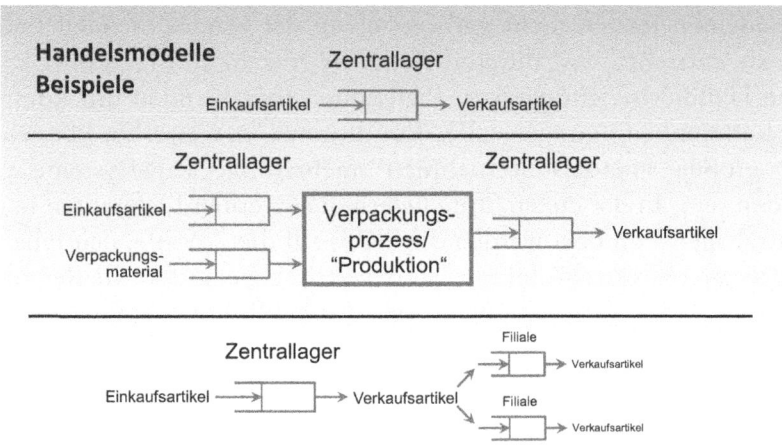

Abb. 14.2 Die Handelsmodelle sind im Industriemodell enthalten

14.3 Datenmodell und Datenstrukturen

Es ist sehr wichtig, dass man Kenntnis über die Datengrundlage für die Bedarfsplanung hat. Wenn die Datengrundlage nicht ausreichend und systematisch für Automatisierung vorhanden ist, wird das Ergebnis aufgrund zahlreicher Unsicherheiten schlecht und die Planung führt zu hohen Kosten für Sicherheiten (Bestände, Kapazitäten etc.) und/oder entgangenen Umsätzen. Im weiteren Verlauf wird aus umfangreicher theoretischer und praktischer Erfahrung ein Datenmodell für die Aufgabenstellung vorgeschlagen, das auf die individuelle Situation in Industrie und Handel abgebildet werden kann. Bezüglich Bedarfsplanung (und Disposition, s. u.) wird zwischen „deterministischen Daten" und „stochastischen Daten" unterschieden. Die „gebuchten" Stamm- und Bewegungsdaten aus dem Transaktionssystem sind die deterministischen Daten (Achtung Sonderfall: „Ereignis"), während die stochastischen Daten im Simulationssystem durch die Berechnung der prognosegestützten Bedarfsplanung entstehen. Dies geschieht auf Basis der bereinigten „historischen Bedarfszeitreihe", die bis zum aktuellen Tag reicht und die bis zum „Prognosehorizont" in stochastische Daten in Form der „Bedarfsprognose" weiterentwickelt wird. Das Transaktionssystem kann i. d. R. aufgrund seiner primären Aufgabenstellung und seiner auf Buchung optimierten Architektur wenig bis nichts mit stochastischen Daten wirklich anfangen. Weiterhin haben stochastische Daten wie auch alle anderen Simulationsdaten nur eine kurze Lebensdauer und müssen bei Auftreten neuer deterministischer Daten, also i. d. R. Daten des Transaktionssystems, im Transaktionssystem nahezu vollständig gelöscht, mit dem Simulationssystem synchronisiert und dort neu berechnet werden.[3] Die stochastischen Daten gehören daher auch zu den Simulationsdaten. Man kann grob zusammenfassen, dass die deterministischen Daten die Daten des Transaktionssystems bilden, die sich wiederum aus Stamm- und Transaktionsdaten (Bewegungsdaten) zusammensetzen.

---

[3] Der Leser mag sich vorstellen, dass das Simulationssystem ein enormes Daten- und Rechenvolumen permanent zu bewältigen hat.

Stammdaten

Gute, also korrekte und vollständige Stammdaten bilden die komplexere und in der Praxis anspruchsvollere Herausforderung für die Aufgabenstellung. Neben den Identifizierern, also z. B. Artikel-ID, Lieferanten-ID, Standort-ID und nicht für Berechnungen verwendbare Informationen/Klartexte, z. B. Artikel-, Lieferanten- oder Standort-Bezeichnungen, bilden die zahlreichen und mehr oder weniger komplexen Parameter und Konditionen die notwendigen Stammdaten für die Berechnungen des Simulationssystems. Eine allgemeine und vollständige Beschreibung aller möglichen Rahmenbedingungen, also Parameter und Konditionen, sprengt hier den Rahmen. Wichtiger ist hier Struktur der Objekte, die typischerweise im relationalen Modell als Tabellen abgebildet werden. Dieser relationale Ansatz der Datenmodellierung, wie sie auch in den Transaktionssystemen üblicherweise verwendet wird, ist auch hier geeignet. Die Grundlage der Stammdaten bilden folgende Objekttypen, die systemweit eindeutige Daten zum jeweiligen Objekt halten.

- Lieferant
- Artikel
- Standort

Gruppen und Bäume

Gruppen sind sehr wichtige Instanzen um Rahmenbedingungen der Wiederbeschaffung, also Parameter und Konditionen, sehr effizient zu verwalten und eine effiziente Strukturierung für die individuelle Aufgabenstellung zu erreichen.

Die Grundobjekttypen Lieferant, Artikel und Standort können zu hierarchisch organisierten Gruppen zusammengefasst werden, indem jedes Objekt auf ein „Vaterobjekt" zeigt. So entstehen u. a. Lieferantengruppen, Artikel- bzw. Produktgruppen oder Standortgruppen/Lagergruppen.

Im Fall von mehrstufigen Gruppenstrukturen spricht man von „Bäumen".[4] Hier zeigt eine Gruppe auf ihre Vatergruppe, so dass durch An-

---

[4] Es sind „umgekehrte Bäume", die Wurzel (Root) ist oben, die Blätter sind unten.

wendung dieser Information rekursiv der jeweilige Baum gebildet werden kann.

Das Ziel dieser Gruppenstrukturierung ist die effiziente Anwendung von Vererbung und Spezialisierung bei der Verwaltung von Rahmenbedingungen. Anders ausgedrückt: Gäbe es keine Gruppen, muss jede SKU individuell und mit hoher Datenredundanz parametrisiert und konditioniert werden. Man beachte, dass die Optimierungs- und Simulationsverfahren (Algorithmen) zwingend vollständige Parameter- und Konditionsdaten benötigen, um zu funktionieren bzw. richtige Ergebnisse zu produzieren. Dabei kann ein vollständiger Parameter- und Konditionsdatensatz sehr umfangreich werden, pro SKU!

> **Beispiel**
>
> Ein Handelsunternehmen hat ein lagerhaltiges Sortiment von 30.000 Artikeln über das (einzige) Zentrallager mit angeschlossenen 100 Filialen. Es wird vereinfachend angenommen, dass jeder Standort diese 30.000 Artikel lagerhaltig bewirtschaftet. Hier müssen also insgesamt 101 × 30.000 Artikel = 3.030.000 SKUs parametriert und konditioniert werden. Es herrscht allerdings eine hohe Datenredundanz zahlreicher Parameter und Konditionen.[5]

Um diese wichtige Aufgabe handhabbar und effizient zu machen, wird das aus der objektorientierten Modellbildung bekannte Verfahren von Vererbung und Spezialisierung in Kombination mit effizienten und auf das anwendende Unternehmen optimierte Gruppenstrukturen verwendet. Die Abb. 14.3 zeigt das Prinzip an einem einfachen Beispiel aus dem Handel.

Meist werden die im Transaktionssystem hinterlegten Gruppenstrukturen, soweit vorhanden, über automatisierte Schnittstellen erzeugt. Individuelle Anpassungen/Optimierungen der Datenstrukturen können meist auch im Simulationssystem durchgeführt werden. Mit diesem Ansatz lassen sich auch Millionen von SKUs mit wenigen Handgriffen vollständig parametrisieren und konditionieren, denn schon ein vollständiger Parameter- und Konditionensatz auf Root-Ebene des Baums reicht für

---

[5] Es sind „umgekehrte Bäume", die Wurzel (Root) ist oben, die Blätter sind unten.

Vererbung und Spezialisierung

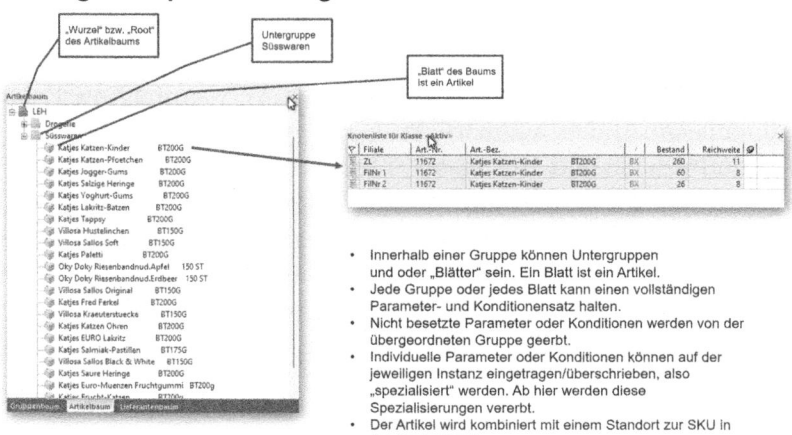

Abb. 14.3 Prinzip von Vererbung und Spezialisierung anhand eines Artikelbaums (Produktgruppen)

die Ausführung der Berechnungen im Simulationssystem. Durch ständiges „Feintuning" der Parameter und Konditionen auf der richtigen Ebene bzw. an der richtigen Stelle erfolgt eine weitere Optimierung und Anpassung des Systems. Auch auf SKU-Ebene in der „Knotenliste" des Simulations-Cockpits (s. Abb. 14.3), also auf unterster Ebene, lassen sich die Parameter und Konditionen individuell spezialisieren. Wichtige Regel: So viel Spezialisierung wie nötig, so wenig wie möglich. Je „tiefer" die Spezialisierung durchgeführt wird, desto größer ist der manuelle Verwaltungsaufwand und die damit verbundenen Kosten. Auch die im Transaktionssystem schon enthaltenen Parameter und Konditionen, die das Simulationssystem verwenden kann, werden über eine automatisierte Schnittstelle mit dem Simulationssystem synchronisiert. Bei der Projektierung dieser Schnittstelle muss auf die optimale Stufe im Baum geachtet werden, in der die Rahmenbedingungen eingetragen werden. Aus zahlreichen Projekten über viele Jahre ist die (Stamm-)Datenqualität der Parameter und Konditionen, die schon im Transaktionssystem aktiv enthalten sind und dort verwaltet werden, oft nicht so gut. Einführungsprojekte des Optimierungs- und Simulationssystems haben meist eine mehr oder weniger lange Einfahrzeit, in der sowohl im Transaktions-

14 Industrie- und Handelsmodelle

system, als auch gezielt im Simulationssystem die Stammdatenqualität verbessert wird, bis ein möglichst hoher Automatisierungsgrad mit (dann erstaunlich!) guten auszulösenden Auftragsdaten (Bestellungen) entsteht. In der Praxis haben sich folgende Gruppenstrukturen als sinnvoll etabliert (Abb. 14.4):

- Lieferantenbaum
  externe und interne Lieferanten (intern z. B. Produktion)
  Blätter sind Lieferantenobjekte.
- Artikelbaum
  Produktgruppen, Warengruppen
  Blätter sind Artikelobjekte

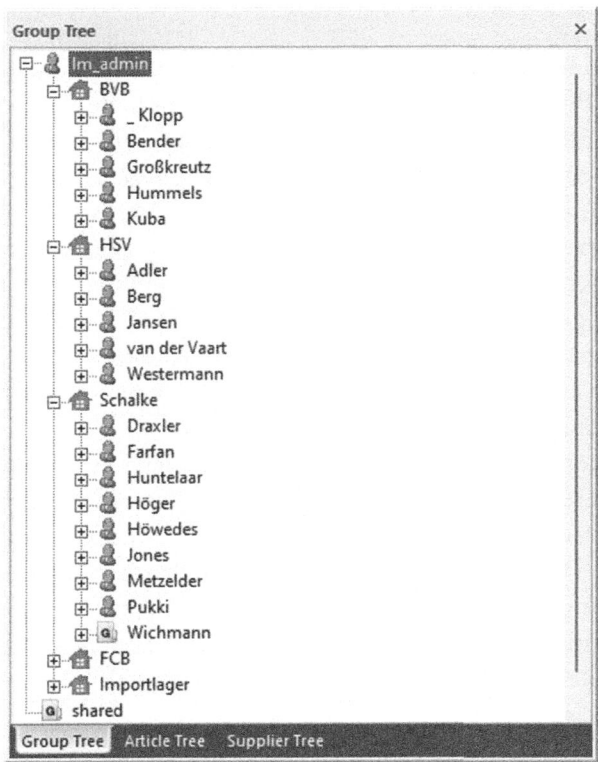

Abb. 14.4 Beispiel für einen Gruppenbaum

- Standortbaum
  Standortgruppen, z. B. Lager, Filial- oder Niederlassungsgruppen, Werksgruppen
  Blätter sind Objekte für Lager, Filialen, Niederlassungen oder Werke
- Allgemeiner Gruppenbaum
  Unabhängig von den vorhandenen o. g. Objekten ist es sinnvoll, einen frei definierbaren Gruppenbaum zu haben, mit dem man weitere unternehmensindividuelle Strukturen abbilden und den (Tages-)Ablauf der Planung und Disposition strukturieren kann. Hier können unter anderem die Strukturen für Mandanten und die Anwender und Power-User (SUMAs!) abgebildet werden.

Parameter

Parameter sind lieferantenunabhängige Stammdaten, die die Berechnungen der Bedarfe und zukünftigen Aufträge an Lieferanten (intern wie extern) beeinflussen. In dem folgenden Beispiel für Prognoseparameter (s. Abb. 14.5) ist auch das Vererbungs- und Spezialisierungsprinzip zu erkennen: Auf der Gruppenebene „lm_admin" im Gruppenbaum werden „schwarze" und „blaue" Parameter angezeigt. Schwarze Parameter sind auf dieser Gruppe spezialisierte Parameter und blaue Parameter sind von „oben" geerbt. Da oberhalb von „lm_admin" keine Gruppe mehr existiert („Root"-Gruppe), werden Default-Parameter vererbt, so dass Berechnungen auch immer möglich sind, wenn keine individuelle Parametrierung stattgefunden hat.

Da die komplexen Algorithmen/Berechnungen für Bedarfsplanung und optimierte Disposition bzw. das Simulationssystem viele sehr spezielle Parameter benötigen, kennen die meisten Transaktionssysteme viele notwendige Parameter nicht. Im Simulationssystem findet sich daher eine Mischung aus über die Stammdatenschnittstellen übertragene Parameter und im Simulationssystem an geeigneter Stelle gesetzte (spezialisierte) Parameter.

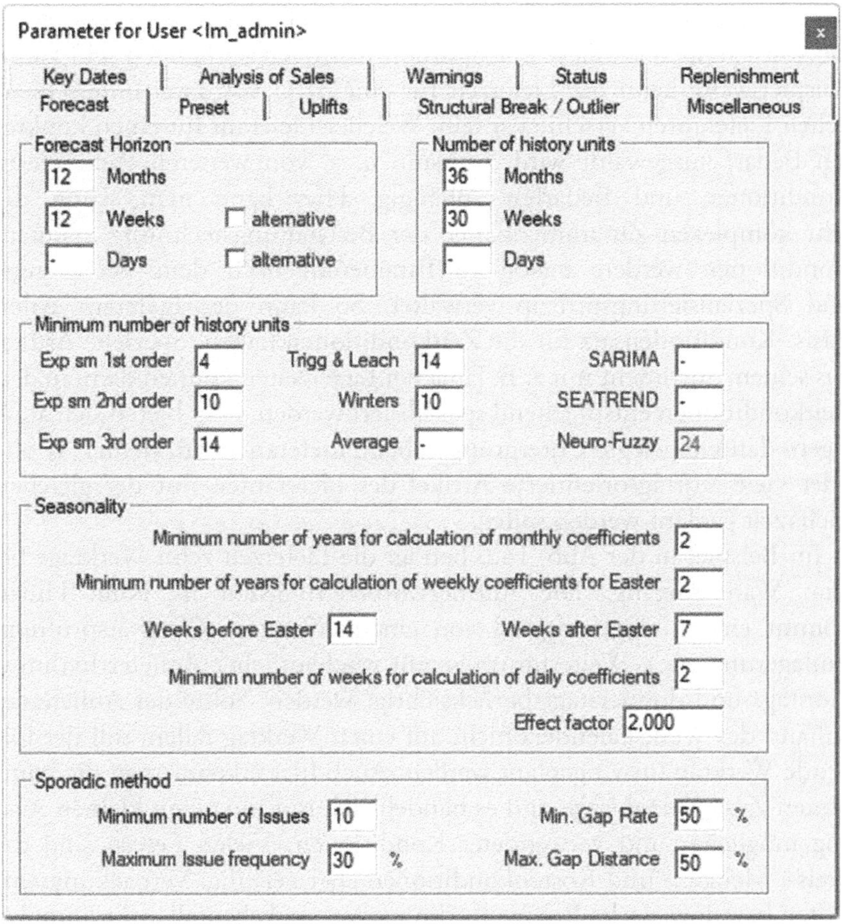

Abb. 14.5 Beispiel für Parameter (Prognoseparameter)

Konditionen

Konditionen sind lieferantenabhängige Stammdaten, die die Berechnungen der zukünftigen Aufträge an Lieferanten (intern wie extern) beeinflussen.[6] Die Verwaltung von Konditionen ist daher komplexer als die von Parametern, da jede Kondition mehrfach vorhanden sein kann. Beispielsweise kann die Lieferzeit für eine SKU von zwei unterschiedlichen Lieferanten verschieden sein. Welcher Lieferant für einen konkreten Bedarf ausgewählt wird, ist dann u. a. von weiteren Parametern, Konditionen und Bedarfen abhängig. Hier kann man schon die sehr komplexen Zusammenhänge der Beschaffungsrechnung erahnen. Konditionen werden analog zu Parametern nach dem Vererbungs- und Spezialisierungsprinzip verwaltet. So kann der Lieferant einen Basis[7]-Konditionensatz für die Zeitkonditionen haben. Spezielle Artikel aus seinem Sortiment mit z. B. längeren Lieferzeiten können dann in den Zeitkonditionen entsprechend spezialisiert werden. Hier bieten sich auch eigens dafür angelegte Untergruppen beim Lieferanten an, wenn z. B. alle oder viele auftragsorientierte Artikel des Lieferanten mit der gleichen Lieferzeit geplant werden sollen.

Im Beispiel in der Abb. 14.6 beträgt die Lieferzeit zehn Werktage bis zum Wareneingang. Die Auftragsvorbereitungszeit ist Null. Hinzu kommt eine Einlagerungszeit von einem Werktag (Qualitätsprüfung, Einlagerung etc.). Weiterhin muss ein wöchentlicher Anlieferrhythmus montags und donnerstags berücksichtigt werden. Sollte der Anliefertag anhand des Werkskalenders nicht auf einen Werktag fallen, soll der folgende Werktag (usw.) geplant werden. Auch hier erkennt man die komplexen Zusammenhänge und es handelt sich nur um einen kleinen Auszug möglicher und verwendeter Konditionen. Vielen Lesern sind die Preis-, Mengen- und Kostenkonditionen eher geläufig. Verpackungseinheiten bzw. logistische Rahmenbedingungen sind ebenfalls sehr komplex und gehören zu den Konditionen.[8]

---

[6] Bedarfe sind nicht von Konditionen (der Wiederbeschaffung/Produktion) abhängig. Die Berechnung von Bestellvorschlägen für Aufträge ist sowohl von zahlreichen Parametern und Konditionen abhängig.

[7] „Default" ist der typische englische Begriff dafür. „Default" wird genommen, wenn nichts „Spezielles" vorliegt.

[8] Das Simulationssystem „Logomate", auf dem viele Grundlagen und Beispiele dieser Arbeit beruhen, kennt auch den „Default-Lieferant" („independent of suppliers"). Er wird für abstrakte Konditionen verwendet, die bei vorhandenen „echten" Lieferanten nicht besetzt sind. Ebenso wird der Default-Lieferant für „eigene" Lieferantensituationen verwendet, z. B. für logistische Einheiten und deren Rundungsgrenzen.

14 Industrie- und Handelsmodelle

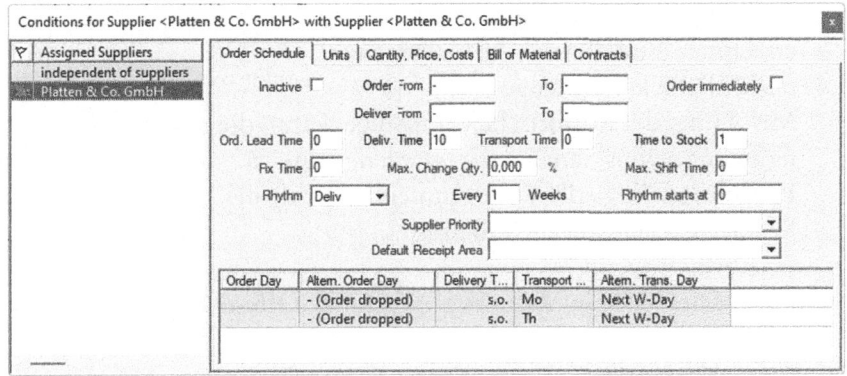

Abb. 14.6 Beispiel für Konditionen (Zeitkonditionen) eines Lieferanten

Transaktionsdaten

Transaktionsdaten sind

- **Historische Verbrauchsdaten** (u. a. Verkaufszahlen) normiert auf eine Basiseinheit, z. B. „Stück". Sie bilden die Grundlage für die reale deterministische Verbrauchszeitreihe, mindestens

    - Artikel-ID
    - Standort-ID
    - Tagesdatum[9]
    - Verbrauch in Basiseinheit

- Historische Material- bzw. Warenzugänge, kurz „**Historische Zugänge**" mit relevanten Daten, idealerweise

    - Artikel-ID
    - Standort-ID
    - Lieferanten-ID (extern oder auch aus der eigenen Produktion!)
    - ursprünglicher Bestelltermin
    - errechneter Liefertermin

---

[9] Für die Bestandsoptimierung („Grobplanung") wird eine zeitliche Granularität auf Tagesbasis benötigt. Für Produktionsplanung („Feinplanung") muss sie uhrzeitgenau sein.

- tatsächlicher Liefertermin
- errechnete Bestell- bzw. Auftragsmenge
- tatsächliche Liefermenge
  Mit Hilfe der historischen Zugänge kann die Liefer- und Lieferantenqualität analysiert werden, um u. a. Einkauf und Produktion/Logistik zu optimieren, bzw. die Konditionen der Wiederbeschaffung zu verbessern.

- Offene Material- bzw. Warenzugänge, kurz „**Offene Zugänge**" mit relevanten Daten, mindestens

  - Artikel-ID
  - Standort-ID
  - Lieferanten-ID (extern oder auch aus der eigenen Produktion!)
  - ursprünglicher Bestelltermin
  - errechneter Liefertermin
  - errechnete Bestell- bzw. Auftragsmenge
    Die Offenen Zugänge werden mit der Prognosezeitreihe der SKU, falls vorhanden, zu einer Bestandssimulation verknüpft.

- **Historische Aufträge** sind abgeschlossene Kunden- oder interne Bedarfsaufträge, idealerweise

  - Artikel-ID
  - Standort-ID
  - Verbraucher-ID (extern = Kunden-ID oder aus interner Produktion oder Logistik = interner Bedarfsträger)
  - ursprünglicher Bestelltermin
  - ursprünglich errechneter Liefertermin oder Kunden-Wunschtermin
  - tatsächlicher Liefertermin
  - ursprünglich errechnete Bestell- bzw. Auftragsmenge oder Kunden-Wunschmenge
  - tatsächliche Liefermenge
    Mithilfe der historischen Aufträge kann die unternehmenseigene Lieferqualität analysiert und für bessere zukünftige Planungen angewendet werden, u. a. indem notwendige Sicherheiten (Bestände Kapazitäten o. ä.) genauer berechnet werden.

- **Offene Reservierungen**[10] sind aktuell bekannte offene Kunden- oder interne Produktions- oder Logistikaufträge mit relevanten Daten, mindestens
  - Artikel-ID
  - Standort-ID
  - Verbraucher-ID (extern = Kunden-ID oder aus interner Produktion oder Logistik = interner Bedarfsträger)
  - ursprünglicher Bestelltermin
  - ursprünglich errechneter Liefertermin oder Kunden-Wunschtermin
  - geplanter Liefertermin
  - ursprünglich errechnete Bestell- bzw. Auftragsmenge oder Kunden-Wunschmenge
  - tatsächliche (noch) offene Auftragsmenge
- **Ereignisse**[11] (Events) sind besondere Bedarfe oder Bedarfszeitreihen, die als Mehr- oder Minderbedarf auf den Normalbedarf additiv wirken. Hierzu zählen z. B. Verkaufsaktionen oder besondere Marktsituationen. Neben der vollautomatischen Ereigniserkennung und -Korrektur (der Bedarfszeitreihe) kann die Planung durch folgende Daten für das Ereignis unterstützt werden:
  - Artikel-ID
  - Standort-ID
  - Ereignis-ID
  - Datum von
  - Datum bis
  - erwarteter Mehr-/Minderbedarf (+/-)
  - Merkmal für absolute oder relative (z. B. prozentuale) Angabe des Bedarfs
  - erwartete Varianz für Mehr oder Minderbedarf (Einschätzung der Genauigkeit) für additive Sicherheiten u. a. für Bestände oder Kapazitäten

---

[10] „Reservierung" hat sich in der Praxis des Autors irgendwie durchgesetzt. Nomenklatorisch besser wäre hier ganz einfach „Auftrag" passend zu „Historische Aufträge", meint aber das Gleiche.

[11] Eine ausführliche Betrachtung von Ereignissen sprengt den Rahmen dieses Werks. Es soll aber die Komplexität angedeutet werden.

- Merkmal für absolute oder relative (z. B. prozentuale) Angabe der Varianz/Standardabweichung
- berechneter Mehr oder Minderbedarf (+/-)
- berechnete Varianz/Standardabweichung des Mehr- oder Minderbedarfs = Genauigkeitsschätzung des Mehr- oder Minderbedarfs
Ggf. weitere Merkmale, die mit dem Ereignis verknüpft sind, um sie mit anderen Ereignissen in Beziehung setzen zu können für automatisierte Ereignisplanung (sog. „Prädiktoren").
Sobald das Ereignis historisch wird, also der Zeitpunkt „Datum bis" vorbei ist, ist es möglich, mit statistischen Mitteln die Mehr- oder Minderbedarfszeitreihe und dessen Varianzen zu errechnen. Ereignisse sind daher im allgemeinen Fall eine Mischung aus deterministischen Vorgaben und stochastischen Berechnungen.

Die Qualität der Transaktionsdaten ist in Industrie und Handel i. d. R. gut, im Gegensatz zu den Stammdaten. Das ist eine gute Nachricht, denn die Massendaten fallen hier an.

Auftragsdaten (Rückschnittstelle zum Transaktionssystem)

Das Optimierungs- bzw. Simulationssystem errechnet Auftragsdaten für „jetzt" und in der Zukunft, d. h. Bestelldatum ist „Heute" oder in der Zukunft. Auch wenn alle zukünftigen simulierten Auftragsdaten mit den heute auszulösenden Aufträgen zusammenhängen, müssen die Aufträge mit Bestelldatum = „Heute" auch heute ausgeführt und damit persistent[12] werden, während zukünftig auszulösende Aufträge sich noch anhand der entwickelnden Datenlage im Simulationssystem optimal anpassen lassen. Wie das funktioniert wird genauer in Kap. 16 beschrieben. Auftragsdaten haben mindestens folgende Informationen:

---

[12] Persistenz = Dauerhafte Fixierung.

- Artikel-ID
- Standort-ID
- Lieferanten-ID (extern oder auch aus der eigenen Produktion!)
- errechneter Bestelltermin („Heute" bzw. frühester Starttermin ggf. mit Uhrzeit für Lieferant interne Produktion/Feinplanung)
- errechneter Liefertermin in der Zukunft (bzw. spätester Fertigstellungstermin ggf. mit Uhrzeit für Produktion/Feinplanung)
- Auftragsmenge

Die Auftragsdaten können vom SUMA noch überprüft und modifiziert werden. Auf Knopfdruck werden sie, ggf. nach Verifizierung, automatisiert über die projektierte Rück-Schnittstelle in das Transaktionssystem geschrieben und dort operativ ausgeführt. Im Simulationssystem werden die Auftragsdaten zu offenen Bestellungen. Über die automatisierten Schnittstellen werden sie entsprechend mindestens täglich oder nach Bedarf synchronisiert.

Ihr Transfer in die Praxis
- Vergleichen Sie die Modelle mit der Situation in Ihrem Unternehmen.
- Erarbeiten Sie daraus eine Darstellung der Ist-Situation.
- Weisen Sie gegebenenfalls Defizite und Optimierungspotenziale aus.

15

Bedarfsplanung
Was man braucht, wieviel man braucht, und wie oft

Viel hilft viel – kostet aber auch viel

Was Sie aus diesem Kapitel mitnehmen
- Erklärungen zu Grundlagen der Planung
- Erklärungen zu Grundlagen von Prognosen
- Herangehensweisen für Simulationen

Ohne Kenntnis über zukünftige Bedarfe kann man keine (sinnvollen!) Dispositionsentscheidungen treffen. Eine gute **Definition für Bedarfsplanung** lautet Bedarfsplanung ist ein (meist) mehrstufiger operativer SCM[1]-Prozess, um zuverlässige Prognosen zu erzeugen. Effektive Bedarfsplanung versetzt Anwender in die Lage,

---

[1] SCM = Supply Chain Management (Lieferkettenmanagement).

- die Grundlage für Dispositionsentscheidungen zu erzeugen,
- bessere Sicherheitsbestände für die Kompensation von akuten Bedarfsspitzen zu berechnen,
- die Genauigkeit von zukünftigen Bedarfsprognosen zu verbessern.

15.1 Visualisierung der Massendaten und Prognosegenauigkeit

Bedarfsplanung ist Massendatenverarbeitung. Daher sind „Listen" oder „Tabellen" keine geeigneten Werkzeuge für die Bedarfsplanung. Die Daten müssen sowohl für die Algorithmen, als auch für die Visualisierung verdichtet und geeignet aufbereitet werden. In der Abb. 15.1 sind die realen Verbrauchswerte grün und die Prognosedaten rot dargestellt und auf Monatsperiode verdichtet. Man beachte, dass auch Prognosen historisch werden können, so dass auch in der Vergangenheit historische

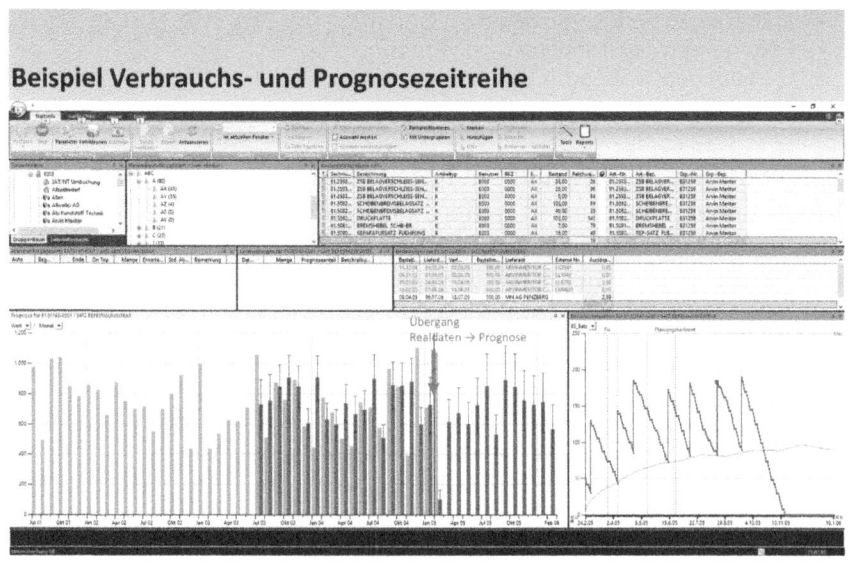

Abb. 15.1 Beispiel für ein Simulations-Cockpit

Prognosen mit den echten Verbrauchsdaten überlappend dargestellt werden. Der erfahrene, trainierte SUMA ist in der Lage, diese grafischen Darstellungen sehr schnell zu verifizieren. Ein erfahrener Röntgenmediziner analysiert Röntgenbilder auf eine ähnliche Art und Weise. Sehr schnell kann i. d. R. zwischen „Alles weitgehend ok" und „pathologisch – hier muss tiefer nachgeforscht werden" unterschieden werden. Dabei werden solche „Bilder" nur stichprobenartig oder auf direkte Anforderung vom Simulationssystem durch eine Eskalationsmeldung visuell überprüft.

Neben der effizienten Überwachung des operativen Geschäfts ist dieses Cockpit sehr wichtig, um die (neuen) SUMAs zu trainieren und die Identifikation mit dem System herzustellen. Was unterscheidet einen Echtbedarf[2] von einer Prognose? Echtbedarfe sind hundertprozentig genau und haben somit keine „Varianz" bzw. Standardabweichung. Prognosen betreffen die Zukunft und sind nur mehr oder weniger genau, d. h. sie haben einen mehr oder weniger großen Prognosefehler, der zusammen mit dem Prognosewert errechnet wird. Die Standardabweichung um den Mittelwert der Prognose ist die Wurzel aus der Varianz und kann mit einem Fehlerbalken wie in Abb. 15.1 und 15.2 dargestellt werden. Der Fehlerbalken bedeutet, dass die historischen Verbrauchswerte mit diesen Wert um den Mittelwert der Prognose (roter Balken) „streuen". Es kann sein, das historische und vor allem zukünftige Werte außerhalb dieser „Streuung" liegen, die Wahrscheinlichkeit ist aber gering.[3] Also kann zusammengefasst werden: Verbrauchsdaten sind genau, Prognosen sind ungenau und haben deshalb einen Fehlerbalken, die Standardabweichung.

Eine Prognose ist daher eine Zeitreihe, die **immer** zwei Informationen enthalten muss:

- Prognosewert
- Genauigkeit in Form von Standardabweichung S oder Varianz V

---

[2] Reservierungen sind hier nicht gemeint, sondern auf Perioden (verdichtete) Verbräuche.
[3] Weitere qualitative statistische Aussagen sprengen den Rahmen dieses Werks.

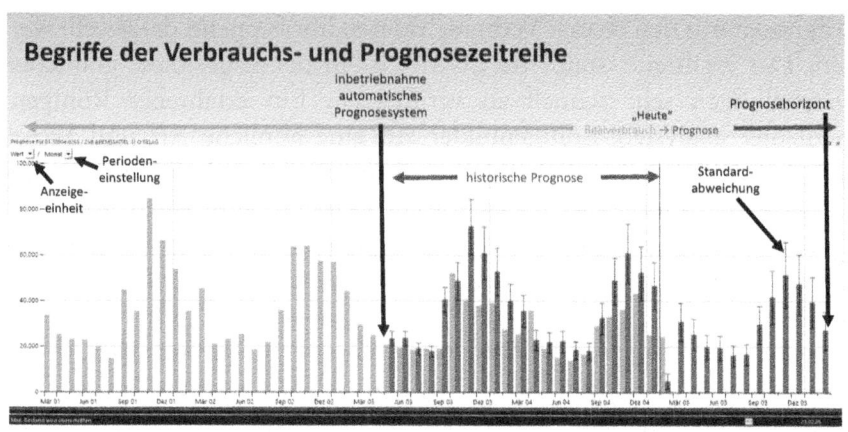

Abb. 15.2 Begriffe der Verbrauchs- und Prognosezeitreihe

Eine Prognose ohne Genauigkeit ist nutzlos und führt zu falschen Reaktionen, Sicherheiten und Dispositionsergebnissen. Ein wichtiges Teilziel der Bedarfsplanung ist es daher, **stochastische und deterministische Einflüsse auf das Ergebnis bestmöglich zu trennen**, damit die Sicherheiten auf den stochastischen Bereich möglichst beschränkt bleiben. Deterministische Einflüsse benötigen keine Sicherheiten, was aus der Definition von „deterministisch" hervorgeht. In der Praxis wird überwiegend nicht, mangelhaft oder falsch mit Ungenauigkeit in der Bedarfsplanung umgegangen, was zu den enorm hohen bilanziellen Verlusten gegenüber der korrekten Vorgehensweise führt. Eine möglichst gute Trennung von stochastischer und deterministischer Information wird durch Unkenntnis der Zusammenhänge leider meist nicht angestrebt und systematisch umgesetzt.

15.2 Pläne

Was ist, wenn keine oder zu wenig Verbrauchsdaten vorhanden sind, um Bedarfsprognosen zu errechnen?[4] In diesem Fall helfen Pläne. Pläne sind manuell erstellte Bedarfe für die Zukunft oder aus Fremdsystemen abgeleitete Zeitreihen mit dem gleichen Zweck. In der Abb. 15.3 sind zwei Pläne, abgeleitet oder aufgestellt vom Vertrieb, dargestellt. Beide Pläne folgen genau aufeinander und sind damit nicht überlappend, was durchaus vorkommen kann. Diese zwei Pläne können im Simulationscockpit grafisch visualisiert werden, s. Abb. 15.4. Pläne sind dort im Unterschied zu roten Bedarfsprognosen als blaue Balken gezeichnet. Auch Pläne werden schnell historisch und können mit den echten „grünen" Verbrauchswerten verglichen werden. In dem Beispiel basiert die Prognose rein auf den Plänen.

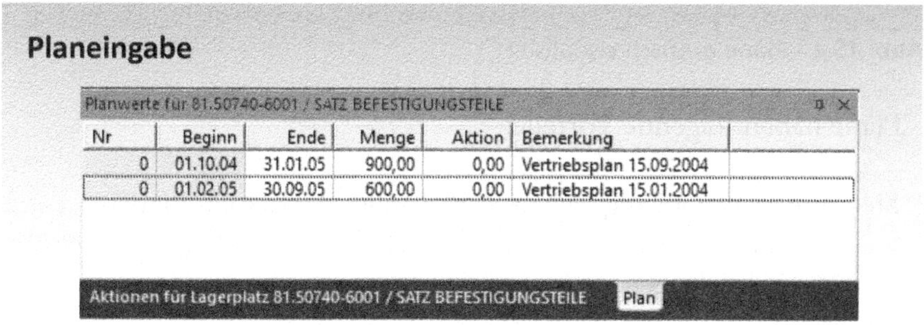
Planeingabe

Planwerte für 81.50740-6001 / SATZ BEFESTIGUNGSTEILE

Nr	Beginn	Ende	Menge	Aktion	Bemerkung
0	01.10.04	31.01.05	900,00	0,00	Vertriebsplan 15.09.2004
0	01.02.05	30.09.05	600,00	0,00	Vertriebsplan 15.01.2004

Aktionen für Lagerplatz 81.50740-6001 / SATZ BEFESTIGUNGSTEILE Plan

Abb. 15.3 Beispiel für Pläne zu einer SKU

[4] Im Prinzip reichen schon zwei(!) Stützstellen, also Zeitpunkte mit Verbrauchsdaten, um eine Verbrauchsprognose zu erstellen. Das ist oft genauer(!) als viele manuelle Pläne in der Praxis!

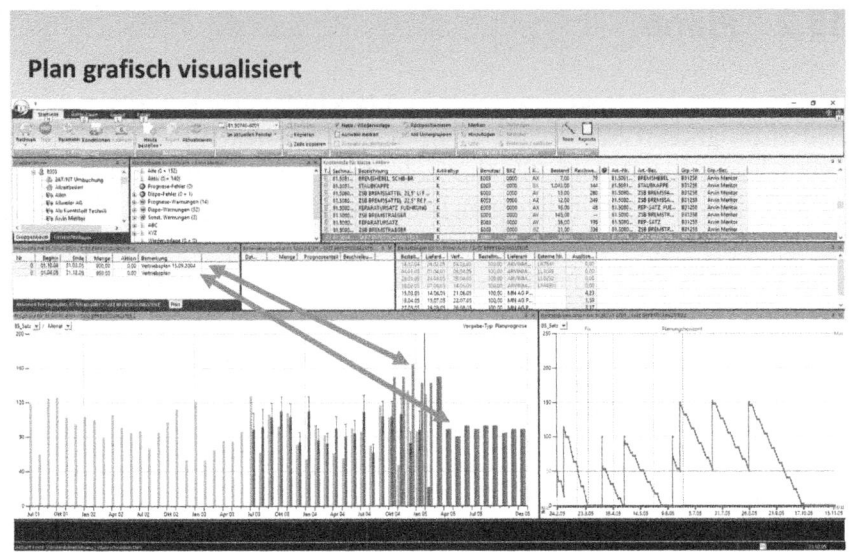

Abb. 15.4 Pläne grafisch visualisiert

Pläne haben folgende Vorteile:

- Sie können Datenlosigkeit bei z. B. Neuen Artikeln aufheben.
- Sie können zukünftige Effekte, die nicht aus der Historie erkennbar sind, berücksichtigen.

Pläne haben gegenüber automatischen Bedarfsprognosen aber gravierende Nachteile:

- *Sie haben i. d. R. keine Schätzung der Genauigkeit und sind damit schon fast wertlos, weil keine Grundlage für Sicherheiten bzw. Sicherheitsbestände gegeben sind.*
- Sie müssen manuell entschieden werden, was zu sehr hohem Arbeitsaufwand führt. Die Faustformel lautet: Planungshorizont (Enddatum des Plans) muss mindestens der doppelten WBZ entsprechen.
- Sie führen zu Streit im Unternehmen, da sie meist nicht auf Fakten beruhen.

15 Bedarfsplanung

- Auch sie sind in dem Moment veraltet, in dem sie verabschiedet worden sind.
- Sie müssen regelmäßig und lückenlos ergänzt bzw. erneuert werden, was zu erheblichem Aufwand und Fehlern führt.
- Planerstellung wird oft vergessen oder kommt oft zu spät. Innerhalb der WBZ kann ein Unternehmen kaum auf (neue) Pläne reagieren.
- DPU ≠ SKU: Oft werden manuelle Pläne nur auf „hoher" Ebene erstellt. Beispielsweise macht der Vertrieb Umsatzpläne auf Produktgruppen. Wie soll das auf die zu disponierenden SKUs richtig projiziert werden? Diese Pläne eignen sich zwar zur Disziplinierung und Prämierung von Vertrieblern, für Disposition kann man sie in der Regel „vergessen".
- Die Wirksamkeit des Plans ist nicht klar. Was passiert, wenn mehrere überlappende Pläne vorhanden sind? Wie wird mit (in der Regel großen) Unsicherheiten für Bestände und Kapazitäten usw. umgegangen? Was ist, wenn eine Bedarfsprognose auch vorliegt? In Abb. 15.5 sind einige Optionen erkennbar.

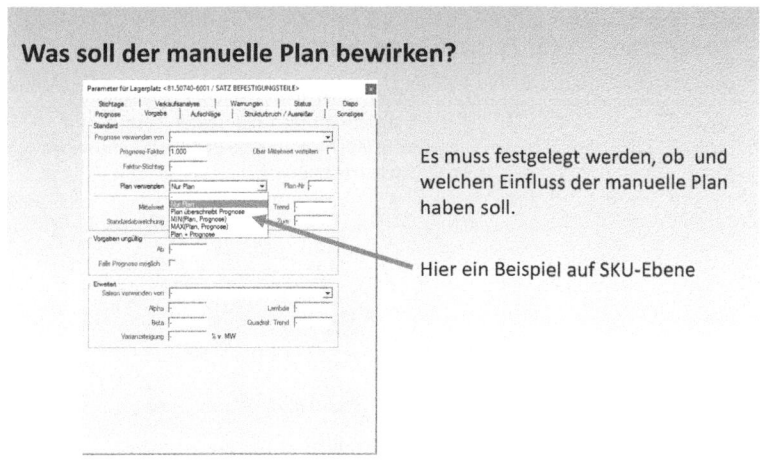

Abb. 15.5 Wirksamkeit des Plans

Erneut sei hier daran erinnert, dass die Geschäftsführung wissen und berücksichtigen muss, dass der beste Verkäufer der schlechteste Planer ist.

15.3 Bedarfsprognose durch automatisierte Zeitreihenanalyse

Die automatisierte Zeitreihenanalyse ist die Basislösung für Bedarfsplanung bei kundenanonymen und kontinuierlichen Bedarfen. Moderne Prognosesysteme ermitteln deutlich bessere Prognosen als Menschen es über die Gesamtheit der Daten können. Gerade aufgrund der enormen Datenflut und komplexen Strukturen kann man nur mit automatisierten Prognosesystemen das Fundament für eine bessere Planung schaffen. In Abb. 15.6 wird die Komplexität der Prognoseverfahren ansatzweise deutlich. So werden alle drei Perioden „Tag", „Woche" und „Monat" aktiviert mit jeweils unterschiedlichen Prognosehorizonten und historischen Stützstellen („Zu verwendende reale Perioden"). Weiterhin werden

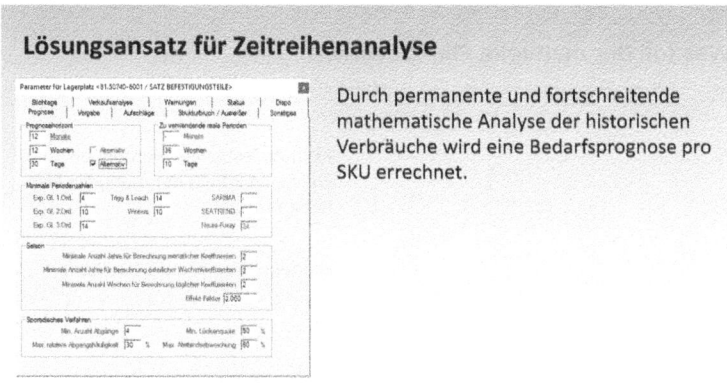

Abb. 15.6 Lösungsansatz für Zeitreihenanalyse

Monats- und Wochenprognose im Überlappungsbereich kombiniert („verschränkt"). Die Tagesprognose wird nur verwendet, wenn Wochen- oder Monatsprognosen nicht möglich sind, z. B. aufgrund von zu wenig realen Verbrauchswerten. Neben Parametern für unterschiedliche Prognoseverfahren, die auf jede aktivierte Periode angewendet werden, werden Parameter für die Jahressaisonerkennung und ein Verfahren für sporadische Verbräuche verwendet.

Wichtige Vorteile der automatisierten Prognosesysteme sind:

- Die Prognosen sind aktuell – neue Verbrauchsdaten führen sofort zu neuen Prognosen.
- Das beste Prognoseverfahren wird anhand der Prognosegüte (Varianz, Standardabweichung) automatisch für jede Periode ausgewählt.
- Die „Siegerverfahren" der Prognosen werden im Überlappungsbereich unterschiedlicher Perioden miteinander kombiniert („Verschränkung") zu einer noch besseren Gesamtprognose.
- Es wird erkannt, wann eine SKU genug Verbrauchsdaten hat, um in die Prognoseautomatik aufgenommen zu werden.
- Trends nach oben oder unten werden automatisch erkannt.
- Monats- oder Wochentags-Saisonalitäten werden automatisch erkannt.
- Ausreißer können automatisch erkannt und korrigiert werden. Der Spezialfall „OoS-Korrektur" führt zur deutlichen Verbesserung der Prognosequalität und Verringerung von unnötigen Sicherheitskosten, denn es muss nicht der Nullverbrauch in die Verbrauchszeitreihe übernommen werden, sondern der errechnete prognostizierte Verbrauch ohne OoS.
- Anlauf- und Auslaufprozesse für z. B. Neue und „Alte" Artikel werden automatisiert unterstützt und deren Bedarfe ggf. kombiniert mit festen Zeitfenstern genauer prognostiziert.
- Eine Vielzahl einmaliger Effekte, die nicht aus der Vergangenheit ermittelt werden können, werden durch ein Ereignismanagement („Events") berücksichtigt, u. a. Verkaufsaktionen, Störungen des Absatzmarktes etc.
- Fehler und wichtige Warnungen, die sog. „Eskalationen", werden automatisch erkannt oder generiert und nach Gewichtung angezeigt,

so dass die (menschliche) Aufmerksamkeit auf die wichtigen Herausforderungen des Alltags konzentriert wird.
- Manuelle Pläne werden, falls noch notwendig, unterstützt und es wird rechtzeitig erinnert, wenn Pläne fehlen.

15.4 Ausgewählte Basisverfahren der Zeitreihenanalyse

Diese Arbeit kann nur sehr grob die Verfahren skizzieren. Für tiefere Einblicke gibt es viele und umfangreiche wissenschaftliche Werke aus der Statistik und Zeitreihenanalyse. Wichtig für SUMAs und Geschäftsleitung ist, dass die Verfahren funktionieren auf deren Ergebnissen vertraut werden kann.[5] Die folgenden Ausführungen vermeiden besondere Effekte auf die Zeitreihen wie Ausreißer/OoS-Erkennung, Saison, sonstige besondere Ereignisse etc. Es soll das Grundverständnis für Prognoseverfahren vermittelt werden. Mathematische Formeln tragen hier nicht zum Verständnis für Manager und praxisorientierte Planer bei, hier wird der Schwerpunkt auf die Auswirkungen der Verfahren gelegt. Damit die Auswirkungen der Verfahren gut verglichen werden können, wird – sofern sinnvoll – immer die gleiche Verbrauchszeitreihe verwendet. Das jeweilige Verfahren wird durch Parametrisierung erzwungen, so dass sehr gut der Unterschied zur komplexen Gesamtprognose in der Historie erkennbar wird (Überlappung der Verbrauchsdaten mit historischen Prognosen). Das Verfahren muss „erzwungen" werden, da das Simulationssystem das beste Verfahren automatisiert auswählt, Ebenso wird nur die Periode „Monat" verwendet. Das neuronale Netz in unseren menschlichen Köpfen kann verdichtete Monatsdaten am besten „verarbeiten" und nachvollziehen.[6] Die Prognoseergebnisse in den Beispielen sind keine Grundlage für die grundsätzliche Bewertung der Qualität des jeweiligen Prognoseverfahrens. Es kann sein, dass bei einer gegebenen Zeit-

---

[5] Leider gibt es in der Praxis viele Zweifler in den Industrie- und Handelsunternehmen. „Was ich nicht selbst mit meinen Methoden geplant habe, glaube ich nicht!" ist eine häufige Haltung von alteingesessenen Planern.

[6] In der Praxis sind Monatsdaten insbesondere für die mittel- bis langfristigen Planungen relevant, da Wochen- und Tagesprognosen nur kürzere absolute Prognosehorizonte haben.

reihe das jeweilige Solo-Verfahren zu den besten Ergebnissen führt. Das ist zwar unwahrscheinlich, wenn kompetitive Auswahl und Kombinationen von Prognoseverfahren verwendet werden, aber möglich ist es.

Genauigkeit der Bedarfsplanung und Sicherheitsbestand

Im weiteren Verlauf wird der Begriff „Sicherheitsbestand", kurz „SiBest" verwendet. Obwohl der SiBest ein Bestandteil der Dispositionsrechnung aus Kap. 16 ist, wird er hier oft schon verwendet, da er eine wichtige Schnittstelle zwischen Bedarfsplanung und Disposition ist. Der Sicherheitsbestand wird aus der Genauigkeit – oder, anders ausgedrückt, aus der Unsicherheit – der Bedarfsplanung ermittelt.[7] Der SiBest ist der Bestand, der planerisch, also in der Zukunft ab Ablauf der WBZ, niemals unterschritten werden soll. Oft wird der SiBest mit dem Meldebestand verwechselt oder gleichgesetzt. Der Meldebestand bzw. „MeBest" ist der Bestand zum Auslösetermin eines Auftrags bzw. einer Bestellung. In einem systematischen Planungs- und Dispositionssystem hat der MeBest keine große Bedeutung, da er ein vom SiBest abgeleiteter Bestand ist. **Eine Bedarfsplanung ohne Kenntnis der Genauigkeit bzw. Unsicherheit ist nicht brauchbar!** Daher spielt die Anzeige/Visualisierung des errechneten oder vorgegebenen Sicherheitsbestands eine entscheidende Rolle bei der Planung und dem Verständnis der Bedarfsplanung. Ein Sonderfall ist die rein auftragsorientierte Planung und Disposition ohne Sicherheiten. In diesem Modell wird eine SKU erst beschafft, wenn ein (Kunden- oder Produktions-)Auftrag vorliegt, so dass u. a. kein Sicherheitsbestand für die SKU gewünscht und notwendig ist. Man beachte, dass viele manuelle Pläne Sicherheiten im Sinne von Sicherheitsbeständen oder Kapazitäten implizit erfordern oder erwarten, die mangels Vorgabe aber nicht vorliegen. Der zuständige Planer ist meist manuell nicht in der Lage, eine Schätzung der Unsicherheit/Genauigkeit der Planung abzugeben oder er kennt die Zusammenhänge gar nicht. Weil es so wichtig

---

[7] Der SiBest ist ein heikles Thema in Unternehmen, die keine systematischen Planungs- und Dispositionsverfahren einsetzen. Oft wird immer noch der SiBest nach „Bauchgefühl" und/oder statisch gesetzt.

ist: Planung ohne Kenntnis der Plangenauigkeit ist wertlos. Auch eine (gewollte!) Genauigkeit von 100 % bzw. 0 % Unsicherheit ist eine Kenntnis der Genauigkeit bzw. Unsicherheit. Ein Planwert muss immer eine Genauigkeit haben, sonst kann man nicht weiterarbeiten.[8]

Exponentielle Glättung erster Ordnung EGL1

Wenn eine Zeitreihe mit relativ konstanter Entwicklung vorliegt, eignet sich gewöhnlich das Prognoseverfahren EGL1 zur konstanten, zeitunabhängigen Prognose am besten. Das Verfahren benötigt den gleitenden Durchschnitt 1. Ordnung, der sich rekursiv aus dem Glättungs-Koeffizienten Alpha und dem Historienwert zum Zeitpunkt der Rekursions-Stufe zusammensetzt. Das Verfahren liefert konstante Prognosewerte für den gesamten Prognose-Zeitraum.[9] In Abb. 15.7 ist das Ergebnis einer EGL1 mit der Auswirkung auf die Bestandssimulation zu sehen. Die EGL1 macht das was sie soll: Ein geglätteter gleitender Durchschnitt über die verwendeten Stützstellen der Zeitreihe entsteht. Da die Verbrauchsdaten erkennbar einen Jahressaisonverlauf haben, ist das Prognoseergebnis hier im Beispiel nicht konkurrenzfähig. EGL1 führt hier zu Überbeständen durch zu hohen Sicherheitsbestand (s. Abschn. 16.3) bei gleichzeitig hoher OoS-Wahrscheinlichkeit, da die Fehlerbalken der Prognose nicht die Maximalbedarfe gut abdecken.

Ein großer Vorteil von EGL1 ist die „kurze" Verbrauchszeitreihe für eine erste Prognose. So kann schon mit zwei Werten eine Prognose erstellt werden. Oft ist schon diese Prognose besser als jede manuelle Schätzung eines Planers, Produktmanagers, Verkäufers oder sogar SUMAs gerade bei neuen Artikeln. Mit EGL1 kann also sehr früh eine automatisierte Bedarfsplanung erfolgen, insbesondere wenn sonst keine anderen belastbaren Informationen über den Bedarf vorliegen.

---

[8] Die Praxis sieht in vielen, vielen Betrieben immer noch ganz anders aus, z. B. wird ohne Varianz geplant mit statischen „magischen" SiBest.
[9] http://www.inf.tu-dresden.de/content/institutes/iai/ms/lehre/webdateien_ressourcenplanung/4_RMidF_Mengenplanung.pdf.

15 Bedarfsplanung 113

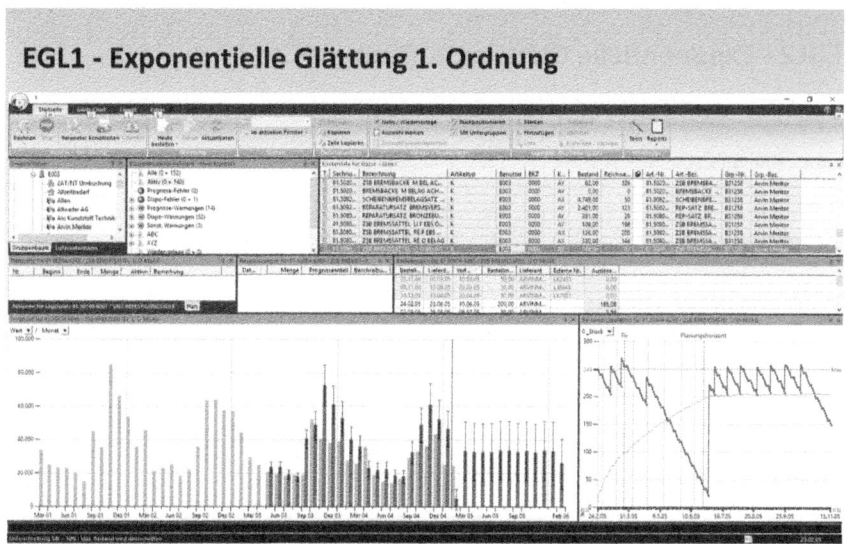

Abb. 15.7 Beispiel exponentielle Glättung 1. Ordnung EGL1

Exponentielle Glättung zweiter Ordnung EGL2

Wenn eine Zeitreihe mit relativ linearer Entwicklung (bei regelmäßigem Bedarf) vorliegt, eignet sich gewöhnlich das Verfahren der EGL2 zur linearen (zeitabhängigen) Prognose am besten. Prinzip: „Jede weitere Periode Faktor x mehr oder weniger als die 1. Periode". Das Verfahren ist eine Erweiterung der EGL1. Neben dem gleitenden Durchschnitt 1. Ordnung wird der gleitende Durchschnitt 2. Ordnung benötigt, der sich rekursiv aus dem Glättungskoeffizienten Alpha und dem Durchschnitt 1. Ordnung ergibt. Das Verfahren liefert ansteigende oder abfallende Prognosewerte für den gesamten Prognosehorizont. Ein höherer Glättungs-Koeffizient Alpha führt zu einem stärkeren Trend, da er sich auf den Trend-Parameter auswirkt. Je kleiner Alpha, desto größer ist die Ähnlichkeit zum Verfahren 1. Ordnung.[10] Anders ausgedrückt: EGL2 funk-

---

[10] http://www.inf.tu-dresden.de/content/institutes/iai/ms/lehre/webdateien_ressourcenplanung/4_RMidF_Mengenplanung.pdf.

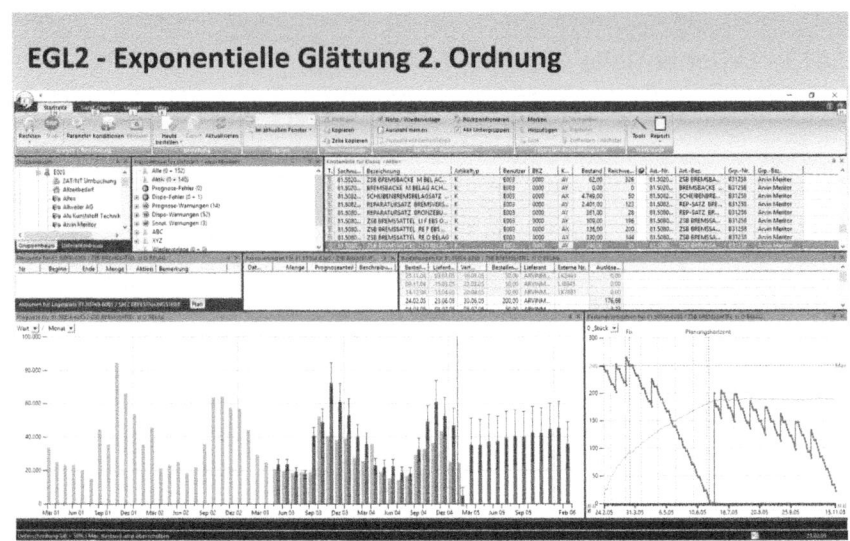

Abb. 15.8 Beispiel exponentielle Glättung 2. Ordnung EGL2

tioniert wie EGL1 mit dem Unterschied, dass zusätzlich ein linearer Trend nach oben oder unten erkannt werden kann. Im Beispiel in Abb. 15.8 kann dieser Trend auch optisch erkannt werden. Durch den Trend wird im Beispiel die Prognose nicht besser und die Gefahr einer OoS wird noch größer, da die Saisonalität mit „reinem" EGL2 nicht erkannt wird.

Exponentielle Glättung dritter Ordnung EGL3

Das Verfahren EGL3 unterstellt bei regelmäßigem Bedarf einen Trend und einen quadratischen Trend. „Jede weitere Periode Faktor x mehr oder weniger als die 1. Periode und Faktor y mehr oder weniger als die letzte Periode". Die Historienwerte werden hier eher einem nicht linearen Modelltyp angepasst. Neben den gleitenden Durchschnitten 1. und 2. Ordnung wird der gleitende Durchschnitt 3. Ordnung benötigt, der sich rekursiv aus dem Glättungs-Koeffizienten Alpha und dem Durchschnitt 2. Ordnung ermitteln lässt. das Verfahren liefert parabelförmige Prognosewerte für den gesamten Prognosehorizont. Das Verfahren EGL3 entfaltet sich umso stärker, je höher der Glättungs-Koeffizient Alpha ist. Bei kleinem Alpha ähnelt es den Verfahren EGL1 und EGL2.[11] Anders ausgedrückt: EGL3 funktioniert wie EGL2 mit dem Unterschied, dass zusätzlich ein quadratischer Trend nach oben oder unten erkannt werden kann. Im Beispiel in Abb. 15.9 kann dieser Trend auch optisch erkannt werden. Quadratischer Trend bedeutet, dass von Periode zu Periode, hier von Monat zu Monat, der Trend etwas größer wird.[12] Durch den quadratischen Trend wird im Beispiel die Prognose nicht besser und die Gefahr einer OoS wird noch größer, da die Saisonalität mit „reinem" EGL3 auch nicht erkannt wird.

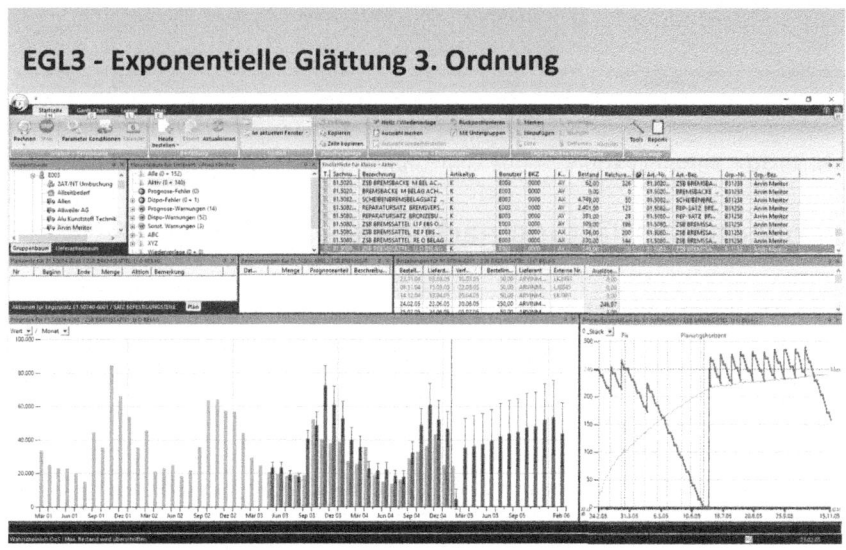

Abb. 15.9 Beispiel exponentielle Glättung 3. Ordnung EGL3

---

[11] http://www.inf.tu-dresden.de/content/institutes/iai/ms/lehre/webdateien_ressourcenplanung/4_RMidF_Mengenplanung.pdf.
[12] Wenn der Trend konstant linear zunimmt, entsteht eine Parabel.

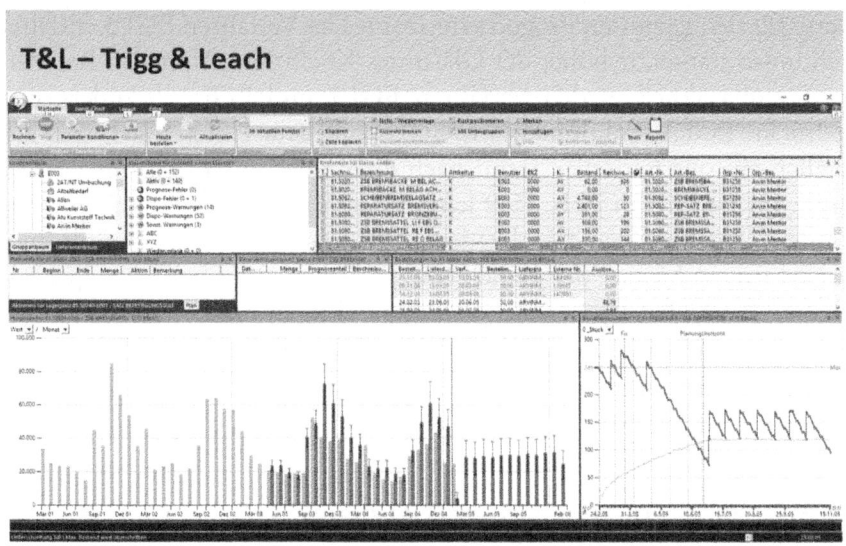

Abb. 15.10 Beispiel exponentielle Glättung nach Trigg und Leach

Exponentielle Glättung nach Trigg und Leach – T&L

Das Prognoseverfahren nach Trigg & Leach basiert auf den Grundlagen von EGL2. Der Durchschnitt 2. Ordnung wird mit dem zusätzlichen Glättungs-Koeffizienten Beta berechnet. Im Beispiel in Abb. 15.10 kann dieser Trend auch optisch erkannt werden. Mit T&L wird in diesem Beispiel der Fehlerbalken zwar deutlich geringer, die maximalen, saisonbedingten Verbräuche können aber nicht abgedeckt werden, so dass eine hohe OoS-Wahrscheinlichkeit existiert.

Winters

Das Prognoseverfahren nach Winters basiert auf dem Trigg & Leach-Verfahren. Dieses Verfahren ist wesentlich schneller als Trigg & Leach. Im Beispiel in Abb. 15.11 ist der Sicherheitsbestand aufgrund der Standardabweichung zwar recht hoch, aufgrund fehlender Saison-

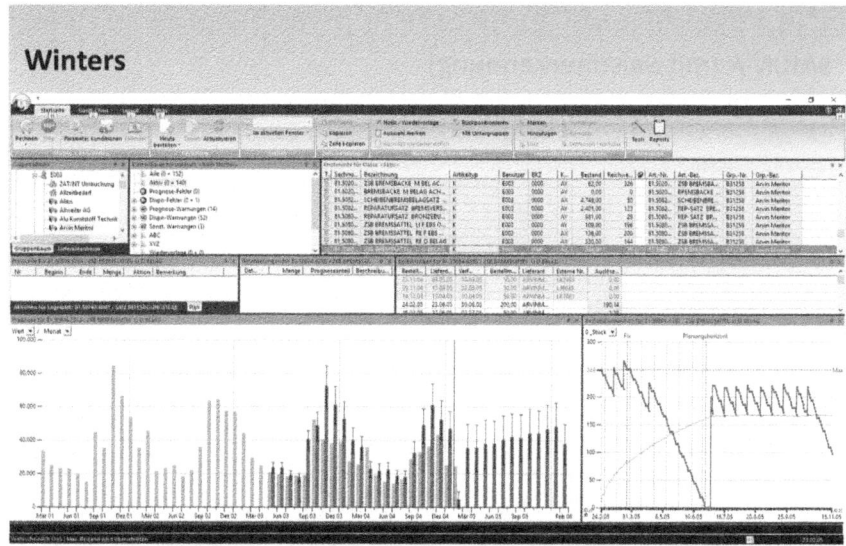

Abb. 15.11 Beispiel exponentielle Glättung nach Winters

erkennung kann der Maximalbedarf nicht abgedeckt werden, so dass eine hohe OoS-Wahrscheinlichkeit existiert.

EGL1, EGL2, EGL3, T&L und Winters arbeiten auch mit Saisonerkennung. In diesem Fall können die Bedarfsplanungs-Ergebnisse wesentlich besser sein als in den hier aufgeführten Beispielen und auch im kompetitiven Vergleich „gewinnen".

SARIMA mit Saisonerkennung

Das SARIMA-Verfahren wird als fortgeschrittenes Prognoseverfahren verwendet. SARIMA ist eine Klasse von statistischen Prognoseverfahren. SARIMA ist ein Akronym. Es setzt sich aus den Anfangsbuchstaben folgender Begriffe zusammen:

S für Seasonal
AR für Auto-regressive
I für Integrated
MA für Moving-Average

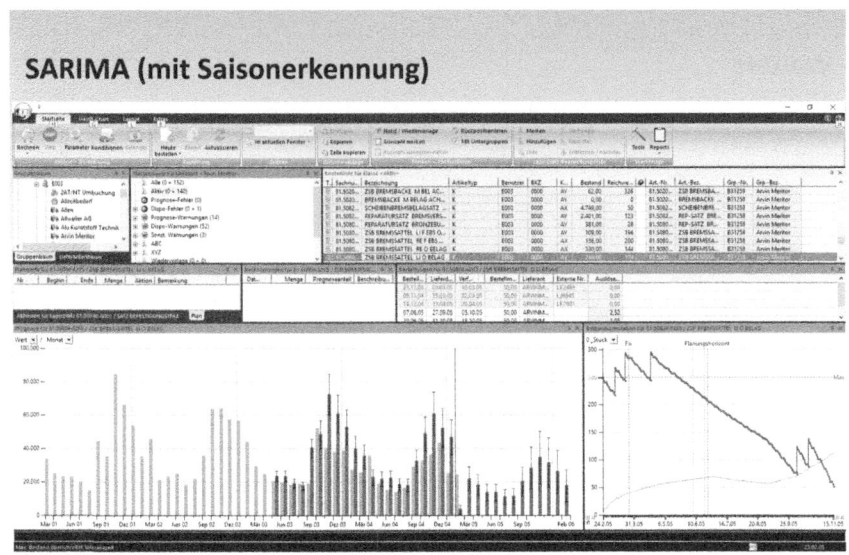

Abb. 15.12 Beispiel SARIMA, „S" steht für Saison

Die Modellierung einer Zeitreihe geschieht durch einen auto-regressiven und einen Moving-Average-Teil-Prozess.[13] SARIMA arbeitet also nur mit gleichzeitiger Saisonerkennung, dafür steht das „S". Im Beispiel in Abb. 15.12 erkennt man die gute Prognosequalität von SARIMA, wenn eine ausgeprägte Saisonalität vorliegt. Der Sicherheitsbestand ist abhängig von der Saisonalität. Nachteil: SARIMA ist wesentlich rechenintensiver als Exponentielle Glättung und deren Derivate.

SEATREND

Das SEATREND-Verfahren nach Harrison wird als fortgeschrittenes Prognoseverfahren verwendet. Es funktioniert auch nur gut bei ausgeprägt saisonalen Verbrauchsdaten. Eine weitergehende Beschreibung dieses guten und anspruchsvollen Verfahrens macht hier keinen Sinn.

---

[13] Auto-regressive Moving-Average-Prozesse der Ordnung p und q (ARMA(p,q)).

15 Bedarfsplanung   119

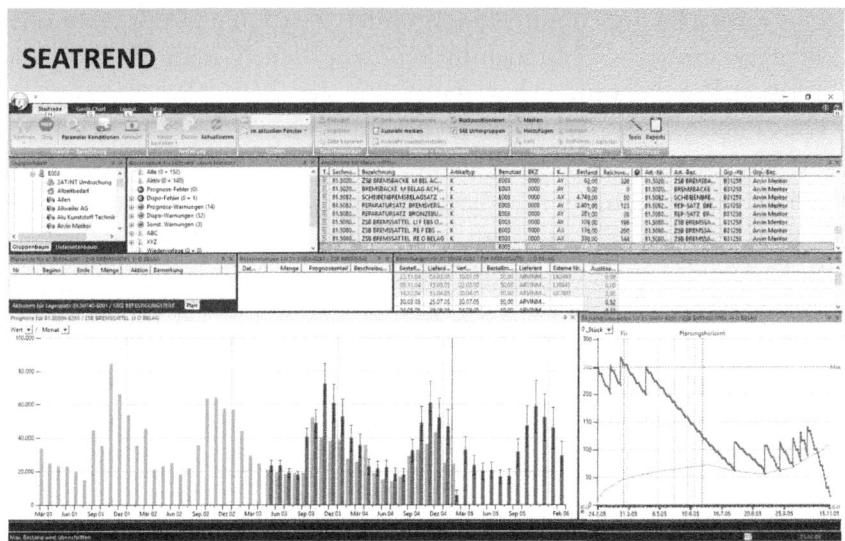

Abb. 15.13 Beispiel SEATREND

SEATREND ist ebenfalls im Verhältnis zu den Verfahren und Derivaten der Exponentiellen Glättung sehr rechenintensiv (Abb. 15.13).

Prognose sporadischer Verbräuche mit dem Croston-Verfahren

Das Sporadische Verfahren ist für Zeitreihen mit unregelmäßigen oder wenigen Abverkäufen entwickelt worden. Dieses Verfahren wird durch die Ungenauigkeit von Prognosewerten und Zeitpunkten beschrieben. Nicht nur die Höhe des Prognosewertes wird ermittelt, sondern auch der wahrscheinliche Zeitpunkt seines Auftretens. Die Standardabweichung des Prognosewertes kann als „vertikale Unsicherheit" und die Standardabweichung der „Verbrauchsdauer" als „horizontale Unsicherheit" betrachtet werden. Sporadische Verbräuche lassen sich unter bestimmten Bedingungen gut in die Zukunft prognostizieren:

- Die Verbräche finden nur zu bestimmten Zeitpunkten mit mehr oder weniger großen „Verbrauchslücken", in denen kein Bedarf bzw. Verbrauch stattgefunden hat, statt.
- Die „Lückenbreite" schwankt nicht sehr stark.

Wenn diese Bedingungen nicht gegeben sind, hat man es tendenziell mit „Weißem Rauschen"[14] zu tun, das nicht prognostizierbar ist. In Abb. 15.14 wird ein gutes Beispiel für prognostizierbare kontinuierliche Verbräuche angezeigt. Die Lückenbreite schwankt nicht stark. Wenn verbraucht wird, dann in diesem Beispiel immer die Menge „1". Die Prognosemenge kann aber bei anderen Verbrauchszeitreihen auch schwanken. Man erkennt in Abb. 15.14, dass der Sicherheitsbestand zum Zeitpunkt des wahrscheinlichsten Verbrauchstermins am höchsten ist.

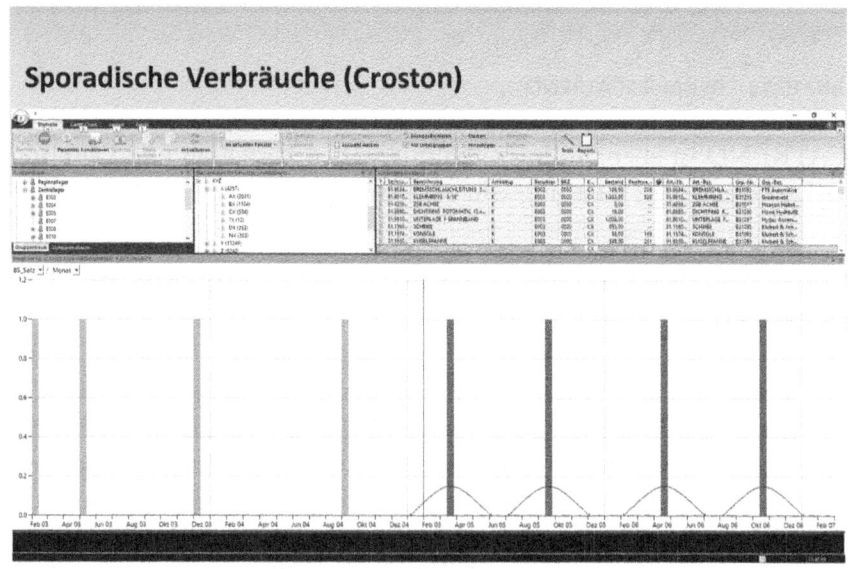

Abb. 15.14 Beispiel für Croston-Verfahren

---

[14] „Weißes Rauschen" ist ein Begriff aus der Physik für nicht prognostizierbare, unkorrelierte Schwingungen. Weißes Rauschen wird gerne für prognosefreie Phänomene im Allgemeinen und auch hier verwendet.

Nicht-Klassische Neuronale-Netze-Verfahren NN

Unter „Neuro-Verfahren" werden Verfahren bezeichnet, die neuronale Netze (NN) verwenden. NN sind in diesem Zusammenhang in der Lage, Muster nach einem mehr oder weniger aufwändigen „Training" in Verbrauchszeitreihen zu erkennen. NN werden oft im Zusammenhang mit „Künstliche Intelligenz" gebracht, was aber im Zusammenhang mit „echter Intelligenz" z. Zt. noch sehr strittig ist.[15] Grob beschrieben, setzen sich NN aus sog. Neuronen[16] und deren Verbindungen[17] untereinander zusammen. Ein Neuron „feuert" über eine Verbindung zu einem anderen Neuron einen Wert. Die Höhe dieses Wertes wird durch Training optimiert, indem sog. „Gewichte" in den Verbindungen eingestellt und optimiert werden. Die Infrastruktur des NN, also Anzahl der Neuronen und deren komplexe „Verschaltung" mit anderen Neuronen, deren initialen Gewichtszuständen usw. ist auch Gegenstand der Lösungsfindung bzw. Modellierung. Weiterhin braucht ein NN ein Ziel der Optimierung bzw. ein Trainingsziel, damit entschieden werden kann, ob das Training zur Verbesserung der Ergebnisse führt oder nicht. Nach dem Training wird in den operativen Modus geschaltet und Eingangsmuster, hier Verbrauchzeitreihen, werden über das NN sehr schnell zu Ausgangsmustern, hier Bedarfsprognosen, umgewandelt. Es gibt auch Ansätze, die Trainingsphase auch in der operativen Phase weiterzuführen. Ohne Zweifel lassen sich NN für die Fortsetzung von Verbrauchszeitreihen, also zur Generierung von Verbrauchsprognosen, einsetzen. Hierbei ist es wichtig, neben den Verbrauchsdaten hinreichend viele Einflussfaktoren, sog. „Prädiktoren" zu identifizieren bzw. zu kennen und als quantifizierte Werte mit der Zeitreihe zu kombinieren. Die NN-Forschung steckt zwar noch in den „Kinderschuhen", es gibt aber ansprechende Ansätze und auch Realisierungen, die das Spektrum der Prognoseverfahren in Zukunft mehr und mehr bereichern werden. Allerdings haben NN für Prognoseverfahren derzeit noch einige gravierende Nachteile:

---

[15] Stand 2022.
[16] Ein Neuron kann sehr grob mit einer Nervenzelle verglichen werden.
[17] Eine Verbindung kann sehr grob mit einer Nervenbahn verglichen werden.

- Die „Infrastruktur" des NN muss zur Aufgabenstellung und den Input-Mustern, hier Verbrauchszeitreihen gut passen. Die Forschung ist hier noch nicht sehr weit, wie man für gegebene Massen-Aufgabenstellungen initiale gute Infrastrukturen generieren kann.
- Die Ergebnisse sind nicht stabil, d. h. es gibt vereinzelt bis häufig chaotische, überraschende Ergebnismuster, die z. B. nach menschlichem Ermessen nicht „passen". Diese Instabilität ist ein gravierender Nachteil gegenüber klassischen Verfahren, z. B. der Exponentiellen Glättung und deren Derivate, da es um Massenentscheidungen mit hohem Kapitaleinsatz geht. **Schon ein kleiner Fehler kann hier große bilanzielle Auswirkungen haben und das Vertrauen der Geschäftsleitung und SUMAs für NN-Technologie zu Recht erheblich stören.**[18]
- Die Trainingsphase ist sehr zeit-, ressourcen- und damit kostenaufwändig.
- Auch die operative Phase ist aufgrund der Massendatenverarbeitung und der Überwachung eher aufwändiger als bei klassischen Verfahren. Zwar können Muster i. d. R. sehr schnell generiert werden, aber die Überwachung, Filterung und Eskalation instabiler Ergebnisse ist aufwändig. Anschließend müssen ja instabile Ergebnisse wieder zu einem Training führen usw.
- Die Suche und Abbildung der Prädiktoren ist aufwändig und auch fehleranfällig.

In Vergleichen hat sich bisher auch gezeigt, dass klassische Verfahren den NN-Verfahren auch im Ergebnis, d. h. der Genauigkeit der Bedarfsprognosen, über große Mengen an Verbrauchszeitreihen insgesamt (noch) überlegen sind. Fakt ist, dass Stand heute NN allgemein noch keine große Rolle in der automatisierten Bedarfsprognose spielen, da sie einfach noch zu wenig Vorteile haben. Es ist aber davon auszugehen, dass durch intensive Forschung ein zukünftiger Praxiseinsatz besser möglich ist.[19]

---

[18] Die Situation ist hier gut vergleichbar mit Autonomes Fahren von KFZ. Das wird noch dauern, bis es wirklich funktioniert ….

[19] Es gibt interessante spezielle Praxisanwendungen z. B. Tagesprognosen für Bäckereifilialen mit kurzem Prognosehorizont. Allerdings ist auch hier nicht klar, ob NN wirklich besser sind.

15.5 Prognose-Kombinationen und Auswahlverfahren

Einzelne Verfahren oder Lösungsideen können für eine Verbrauchsprognose keine geeignete Grundlage bilden. Sie sind oft nur für einen besonderen Fall oder eine spezielle Klasse von Verbrauchszeitreihen gut geeignet. Daher ist es eine gute Strategie, ALLE zur Verfügung stehenden Verfahren zu nutzen und intelligent zu kombinieren. Weiterhin muss es das Ziel sein, einen Basisverbrauch pro SKU (DPU) zu ermitteln, der keine vorab planbaren deterministische Informationen oder Elemente erhält.[20] Die auf diesen i. d. R. verbraucheranonymen Bedarf errechneten Prognosen basieren dann auf rein stochastischen Daten und die daraus entwickelten Sicherheiten (SiBest, Kapazitätsreserven, Lieferzeiten etc.) können allein darauf bezogen minimiert werden. Wenn dies nicht gemacht wird, werden die Sicherheiten unnötig größer als notwendig, da deterministische (Teil-)Informationen keine Sicherheiten erfordern und dann leider im Prognosefehler („Fehlerbalken") enthalten sind.

Zusammengefasst: **Ein wichtiges Ziel der Bedarfsplanung ist die Ermittlung des Basisverbrauchs ohne vorab planbare Effekte, damit die Sicherheiten auf rein stochastischen Daten beruhen.**[21] In der realen Bedarfsplanung wird also versucht, mit vertretbarem Aufwand alle planbaren deterministischen Daten zu ermitteln und mit der Stochastik zu kombinieren. Dies setzt effiziente Planungsprozesse über die relevanten Bereiche des Unternehmens und ausreichende Verbindlichkeiten in den deterministischen Daten auch bei externen Kunden und Lieferanten voraus.

---

[20] Im Fachjargon wird dieser Basisbedarf oft „Grundrauschen" genannt, ebenfalls ein Fachbegriff aus der Physik.
[21] Es kann vorkommen, dass der Basisverbrauch dann Null oder nahezu Null ist, d. h. die SKU kann dann theoretisch ohne Sicherheiten „gefahren" werden, s. Auftragsorientierte Planung und Disposition in Abschn. „Genauigkeit der Bedarfsplanung und Sicherheitsbestand".

Kompetitiver Vergleich und Auswahl des besten Prognoseverfahrens

Anhand der Varianz bzw. der Standardabweichung kann sehr leicht eine Auswahl des besten Prognoseverfahrens für eine gegebene Periode (Tag, Woche, Monat) und deren Prognosehorizont errechnet werden. Wenn z. B. zehn unterschiedliche Prognoseverfahren zur Verfügung stehen, müssen sie alle für den gegebenen Kontext durchgerechnet werden. Anschließend steht fest, welches Verfahren pro SKU, Periode und Planungshorizont „gewinnt".

Periodenbezogene Saisonerkennung

Für die Perioden „Tag" und „Monat" ist eine Saisonerkennung sinnvoll. Es ist offensichtlich, dass der Bedarf von zahlreichen Materialien und Waren sehr vom Verlauf des Kalenderjahres abhängig ist. In diesem Fall kann man auf der Periode „Monat" sehr gut „monatliche Saisonkoeffizienten" errechnen, wenn eine ausreichend lange historische Bedarfszeitreihe vorliegt. Alternativ kann z. B. der SUMA oder Produktmanager festlegen, dass eine SKU die Saison einer Vergleichs-SKU erbt, falls z. B. die Daten für Saisonerkennung nicht ausreichen. Gute Beispiele für monatliche Saisonerkennung[22] sind in Abb. 15.12 und 15.13 dargestellt. „Wochensaisonalität" bzw. „Tagessaisonerkennung" macht Sinn, wenn auf die Verbrauchstage (Werktage) einer Woche reproduzierbare Mehr- oder Minderverbräuche stattfinden. Beispielsweise haben im Einzelhandel auf Filialebene viele SKUs am Montag und am Samstag oder unmittelbar vor oder nach Feiertagen höhere Bedarfe als an anderen Verbrauchstagen. Dies kann mit der Tagessaisonerkennung gelöst werden, indem jeder Verbrauchstag einer Woche einen entsprechenden Tagessaisonkoeffizienten erhält. **Periodenbezogene Saisonerkennung ist eine Basisfunktion, die die Prognosequalität enorm verbessert. Durch Saisonerkennung können unnötige Sicherheiten und damit**

---

[22] „Monatliche Saisonerkennung" uHinweise Verlag/Setzerei: nd „Jahressaisonalität" haben hier die gleiche Bedeutung.

15 Bedarfsplanung 125

Kosten vermieden und gleichzeitig die Lieferfähigkeit und damit der Umsatz gesteigert werden.

Ausreißer-Erkennung und -Korrektur

Mehr- oder Minderbedarfe der realen Verbrauchszeitreihe können jederzeit auftauchen und die Prognosequalität unnötig verschlechtern, denn sie sind singuläre Ereignisse, die so in der Zukunft wahrscheinlich nicht wieder vorkommen und aus den realen Verbräuchen „rausgerechnet" bzw. „gefiltert" werden müssen. Der SUMA kann hierzu notwendige Parameter schärfer oder schwächer stellen, je nachdem ob Ausreißer schneller erkannt und anschließend automatisiert auch korrigiert werden sollen. Dabei ist der Schwellwert für automatisierte Korrekturen gleich oder größer als der Erkennungsschwellwert (Abb. 15.15). Der SUMA hat auch die Möglichkeit, erkannte mögliche Ausreißer im Zwischenbereich von Erkennung und Korrektur manuell zu korrigieren. In Abb. 15.16 sind „Warnungsgrenze" und „Behandlungsgrenze" die jeweiligen Para-

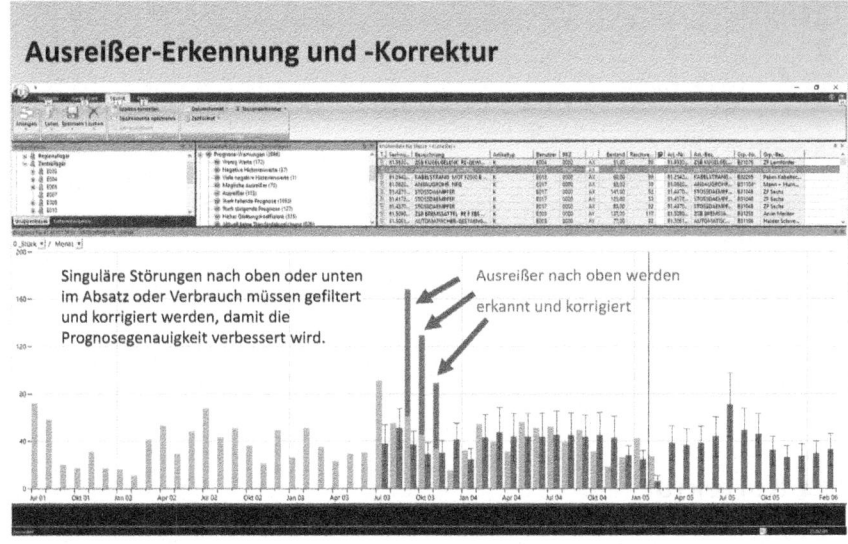

Abb. 15.15 Beispiel für automatisch korrigierte Ausreißer

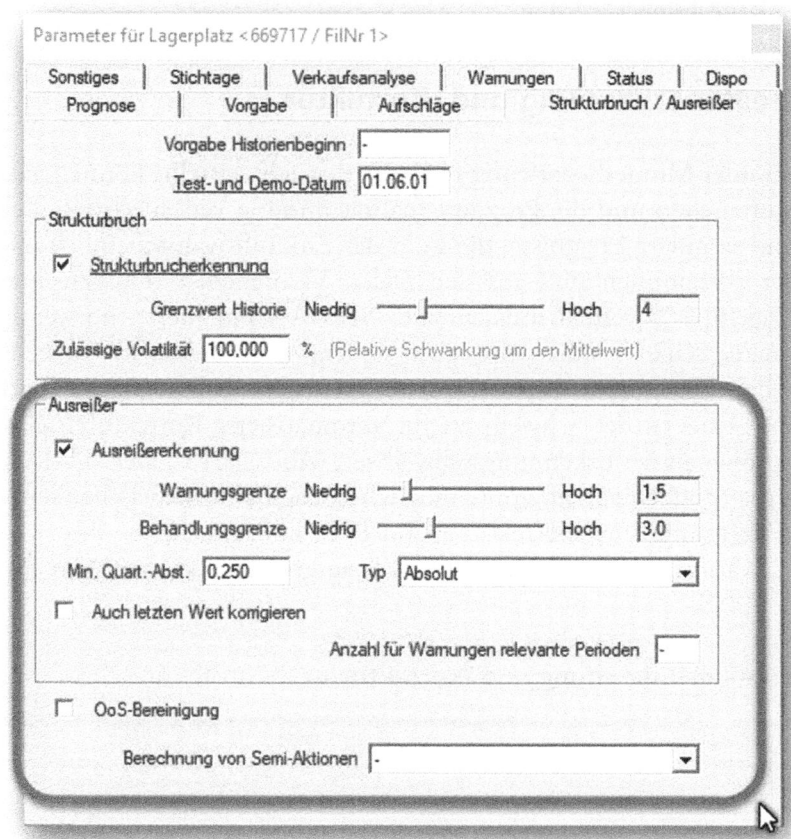

Abb. 15.16 Beispiel für Parameter der Ausreißer-Erkennung

meter für Erkennung und automatische Korrektur. Ausreißer bzw. OoS sind eine spezielle Form von Ereignissen.

OoS-Korrektur

Wenn aus welchen Gründen auch immer OoS im historischen Verbrauchsdaten-Zeitraum vorliegen, wird mit (hoher) Wahrscheinlichkeit

15 Bedarfsplanung 127

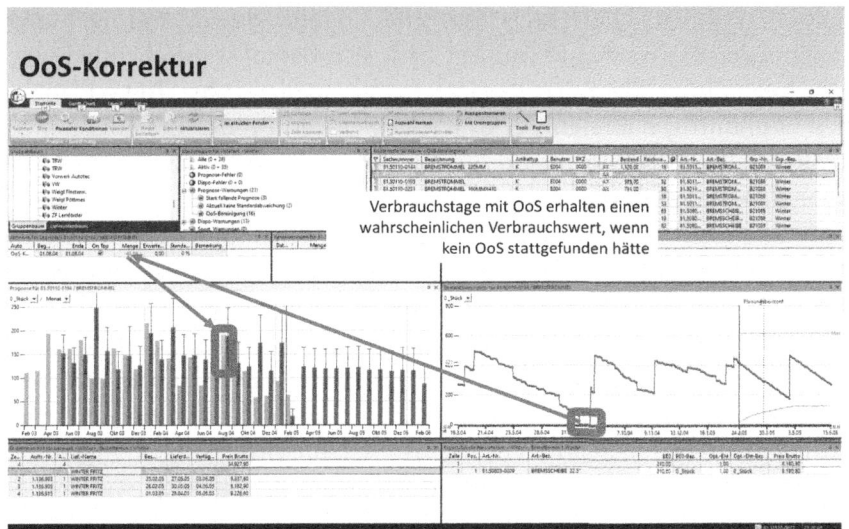

Abb. 15.17 Beispiel für OoS-Korrektur

auch ein Bedarf zu diesen jeweiligen OoS-Zeitpunkten oder sogar Zeiträumen vorhanden gewesen sein. Das Transaktionssystem kann zwar ggf. Verbraucher-Aufträge von Kunden oder internen Verbrauchern mit Bedarfsterminen bereitstellen, so dass der genaue Mehrbedarf ermittelt werden kann, aber z. B. im Einzelhandel sind Kundenaufträge nicht vorhanden, sondern es wird vom Bestand verbraucht bzw. verkauft. In diesen Fall muss eine OoS-Korrektur durchgeführt werden: Was wäre verbraucht worden, wenn keine OoS stattgefunden hätte? Im Beispiel in Abb. 15.17 kann diese Option auch gewählt werden. OoS-Korrektur ist eine spezielle Form der Ausreißer-Erkennung und gehört zu den Ereignissen.

Kombination Basisverbrauch mit zukünftigen Ereignissen (Aktionen)

In Industrie und Handel gibt es geplante Ereignisse in der Zukunft, auf die man sich vorbereiten kann, beispielsweise rechtzeitig(! – s. u.) geplante

Verkaufsaktionen. Diese Ereignisse sind singulär, da vor und nach dem Ereignis der Basisverbrauch anliegt bzw. sich darauf wahrscheinlich wieder einschwingt. Wichtige Voraussetzung ist die **rechtzeitige** Planung dieser zukünftigen Ereignisse, d. h. der Starttermin des Ereignisses liegt außerhalb der WBZ ab „Heute", denn innerhalb der WBZ ist man nicht mehr handlungsfähig. Auch hier wird ein entsprechender bereichsübergreifender Planungsprozess mit hoher Disziplin benötigt, damit nicht unnötige viele deterministisch planbare Daten (u. a.) im stochastischen Si-Best enthalten sind. In Abb. 15.18 ist so ein Ereignis parametrisiert und die Effekte auf Bedarf und Bestandssimulation werden visualisiert. Ereignisse, deren Planung und Auswirkungen auf Bedarfsplanung und Disposition sind insgesamt so komplex, dass auch Habilitationsschriften dazu erarbeitet werden können. Der SUMA, die einzelnen beteiligten Bereiche und das Management müssen vor dieser Komplexität weitgehend geschützt werden. Hier ist die Qualität des Planungs- und Simulationssystems sowie dessen Implementierung von entscheidender Bedeutung. Weitere Themen, die hier nicht weiter ausgeführt werden sind:

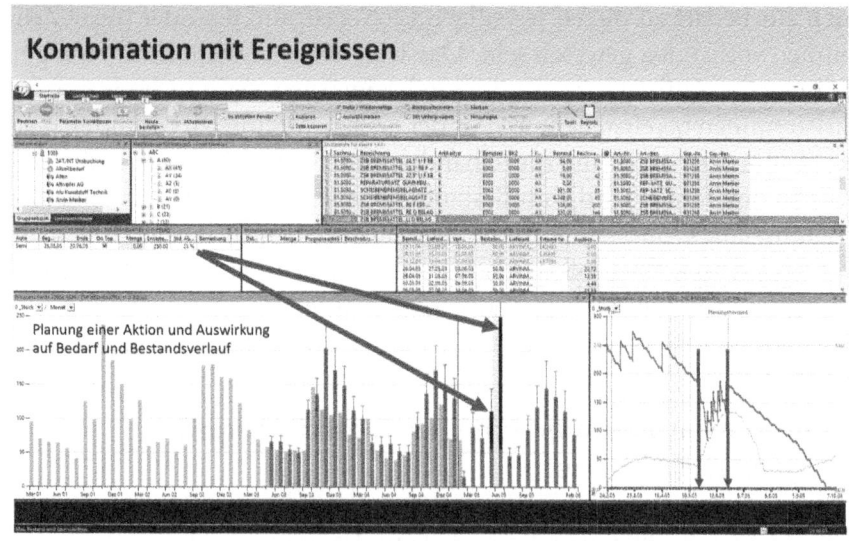

Abb. 15.18 Beispiel für zukünftiges Ereignis (Verkaufsaktion)

- Automatische Erkennung und Parametrierung historischer Ereignisse, Erweiterung der Ausreißer-Erkennung um Prädiktoren, damit aus historischen Ereignissen für zukünftige Ereignisse „gelernt" werden kann. Hier können NN besonders gut helfen.
- Modellierung und Berechnung von Preiselastizitäten bzw. Automatische Preisoptimierung.
- Berechnung von Sicherheiten für interne und externe Lieferanten, insbesondere für die vereinbarte Lieferzeit und Mengenqualität. Daraus abgeleitet: Was kostet der Lieferant wirklich?

Allein diese o. g. Themen erfordern sowohl ein leistungsfähiges Planungs- und Simulationssystem, als auch eine trainierte und optimierte Organisation.

In Abb. 15.18 kann man den Zeitraum eines zukünftigen Ereignisses erkennen und die Reaktion auf dieses Ereignis in Form eines temporär stark erhöhten SiBest in Kombination mit einer höheren zukünftigen (simulierten) Bestellfrequenz auf Basis der „Heute" zur Verfügung stehenden Informationen. Man erkennt auch, dass nach Ende des Ereignisses der SiBest wieder im Zeitraum einer WBZ auf einen SiBest ohne Ereignis abgebaut wird. Durch die Erhöhung der Bestellfrequenz werden zwar die Prozesskosten steigen, aber Bestände und vor allem das Bestandsrisiko[23] werden als optimales Ergebnis in diesem Fall minimiert.

Kombination mit Plänen

Die in Abschn. 15.2 beschriebenen Pläne können mit den Verbräuchen und Prognosen kombiniert werden, indem der Wirkmechanismus des Plans parametriert wird, s. Abb. 15.18. Es können beliebig viele, auch beliebig überlappende Pläne mit jeweils eigenem Wirkmechanismus pro SKU existieren. Ziel der Pläne muss es aus dem bekannten Grund sein, nur deterministische Informationen, die nicht aus stochastischen Verbrauchsdaten ermittelt werden können, in Plänen abzubilden. Daher können viele mögliche Kombinationen/Mischformen von Verbrauchs-

---

[23] Ereignisplanung ist i. d. R. deutlich unsicherer und damit riskanter als Planung von Grundrauschen. Daher auch der starke temporäre Anstieg des SiBest.

zeitreihen und davon abgeleiteten Prognosezeitreihen mit (überlappenden) Plänen pro SKU oder DPU entstehen.

Zusammenfassung wichtiger Kombinationen

Die Ergebnisse der Zeitreihenanalyse sind stochastische Informationen. Deterministische Informationen sind genau bekannte Informationen aus Vergangenheit und Zukunft, die das Planungsergebnis beeinflussen. **Eine Aufgabe der Bedarfsplanung ist es, stochastische und deterministische Informationen richtig zu trennen, um sie anschließend für die Disposition wieder richtig miteinander zu verknüpfen bzw. zu kombinieren.** Folgende deterministische Informationen treten häufig in der Praxis auf:

- Reservierungen, s. Abschn. „Transaktionsdaten" und Abschn. „Reservierungen und Prognoseanteil, Umgang mit Großaufträgen", also (jetzt schon) bekannte Verbraucher-Aufträge.
- Besondere Stichtage (Oktoberfest, Schulanfang, Food-Stamp-Day). Auch für stochastische Kombination mit der Eigenschaft „Wandernde Saison", z. B. Ostern, Pfingsten.
- Kalenderinformationen insbesondere über Verbrauchstage und Nicht-Verbrauchstage (Werktage, Feiertage).
- Expansionsplanungen, Neueröffnung von Lager oder Niederlassungen/Filialen/Werke.
- Verbaucherinformationen: Wann werden wichtige Verbraucher/Kunden hinzukommen oder wegfallen mit welchen Verbräuchen?
- Verbraucher-/Kundenkontrakte: Dynamische Anpassung der Kontrakt-Restmengen und Verbrauchszeiträume.
- Lieferantenkontrakte: Dynamische Anpassung der Kontrakt-Restmengen und Verbrauchszeiträume.
- Produkt-Neuanlauf: Wann wird mit welchem Verbrauchsprofil wo ein neues Produkt starten?
- Produkt-Auslauf: Wann wird mit welchem Verbrauchsprofil wo ein Produkt auslaufen?

- Produkt-Neuanlauf: Wenn die Anlaufphase (wahrscheinlich) vorbei ist, gibt es ein Referenzprodukt für Grundrauschen oder Saisonverläufe?
- „Harte" Verbrauchssaison für z. B. Gartensortiment, Ostern/Weihnachten für Konsumgüter etc.

Alle bekannten deterministischen Informationen sind wichtig und müssen mit vertretbarem Aufwand berücksichtigt werden, denn sie können die Kosten enorm reduzieren.

Reservierungen und Prognoseanteil, Umgang mit Großaufträgen

Reservierungen sind heute schon genau bekannte Kunden- bzw. Verbraucher-Aufträge, also wichtige deterministische Informationen. Im Zusammenspiel mit der Prognose zu einer SKU/DPU muss vorgegeben werden, ob und in welcher Höhe die jeweilige Reservierung in der Prognose schon enthalten ist: Reservierung wird zu x % ($0 \leq x \leq 100$) durch die Prognose abgedeckt. „x" ist der „Prognoseanteil". Dabei bedeutet

0 %   Reservierungsmenge muss komplett zur Prognose addiert werden
100 %   Reservierungsmenge ist komplett in der Prognose enthalten

In der Praxis wird bisher nur mit diesen Extremwerten gearbeitet, da bei der Auftragsannahme von z. B. Fertigprodukten oder Verkaufsartikeln sowohl die Transaktionssysteme als auch die Mitarbeiter der Auftragsannahme mit der Erfassung oder Beschaffung dieser Informationen überfordert sind. Reservierungen treten in Industrie und Großhandel häufig, im filialisierten Einzelhandel, gerade bei Konsumgütern, sehr selten auf. Ein noch nicht realisierter Lösungsansatz für die Herausforderung besteht darin, dass jede neue Reservierung zunächst das Simulationssystem durchläuft. Dort wird aufgrund der Auftragsanalyse mit historischen Reservierungen eine typische mittlere Auftragsmenge mit Varianz errechnet, anhand derer der Prognoseanteil des konkreten Auftrags ebenfalls errechnet werden kann. Ist die Auftragsmenge größer als die mittlere Auftragsmenge plus Varianz, kann man den Prognoseanteil auf 0 % setzen. Analog lässt sich ein Schwellwert für Prognoseanteil 100 % und daraus eine Funktion für Zwischenwerte errechnen, was auch sinnvoll ist. Zukünftige Analysen der Auftragsmengen, z. B. „simpel" durch EGL1 mit Standardabweichung, können den Schwellwert genau berechnen, so dass schon bei der Auftragsannahme (Vertrieb) oder Auftragsgenerierung (Produktions-Feinplanung) der Prognoseanteil feststeht. Diese Analyse kann beliebig auf genauere, aber auch komplexere Prognoseverfahren erweitert werden. Im Prozess der Auftragsannahme erhält das Unternehmen auch eine wichtige Eskalationsmeldung, wenn ein SKU-bezogener Großauftrag zunächst unbemerkt einfach so angenommen wird.[24] **Der Prognoseanteil verbessert signifikant die Bedarfsplanung,** da die Bestands- oder Produktions-Sicherheiten nicht Großaufträge berücksichtigen dürfen. Die Sicherheiten sollen nur stochastische Einflüsse abdecken. In Abb. 15.19 wird eine SKU mit einer Reservierung von 0 % (Großauftrag) und 100 % (Normalauftrag) simuliert. Man kann optisch gut den unterschiedlichen Bedarfsverlauf in der Bestandssimulation erkennen:

- Beide Reservierungen reduzieren sprunghaft den Bestand zum Auftragsdatum.
- Der Normalauftrag reduziert die Prognose in diesem Fall auf „0", so dass keine weiteren Bedarfe in der betroffenen Periode erwartet werden. Die Bestandskurve verläuft parallel zur Zeitachse.
- Der Großauftrag reduziert die Prognose nicht, so dass die Bestandskurve mit der Prognose absinkt.

In Abb. 15.19 erkennt man gut, warum Aufträge erst einen Prüflauf erfordern: Der Großauftrag führt innerhalb der WBZ automatisch zur OoS, wenn er „einfach so" ins Transaktionssystem eingelastet/gebucht wird. Diese Prüfung wird im Englischen und im weiteren Verlauf hier „ATP-Check"[25] bezeichnet. Auch die Einlastung/Buchung der Normalaufträge ist sehr wichtig, denn die Summe der Auftragsmengen kann innerhalb der Planungsperiode die Prognose und deren Varianz über-

---

[24] Ein Großauftrag darf nicht wie ein normaler Auftrag einfach so vom Bestand verbraucht werden! Dafür ist der auf stochastischen Daten beruhende SiBest nicht geeignet.

[25] ATP = Available To Promise.

15 Bedarfsplanung 133

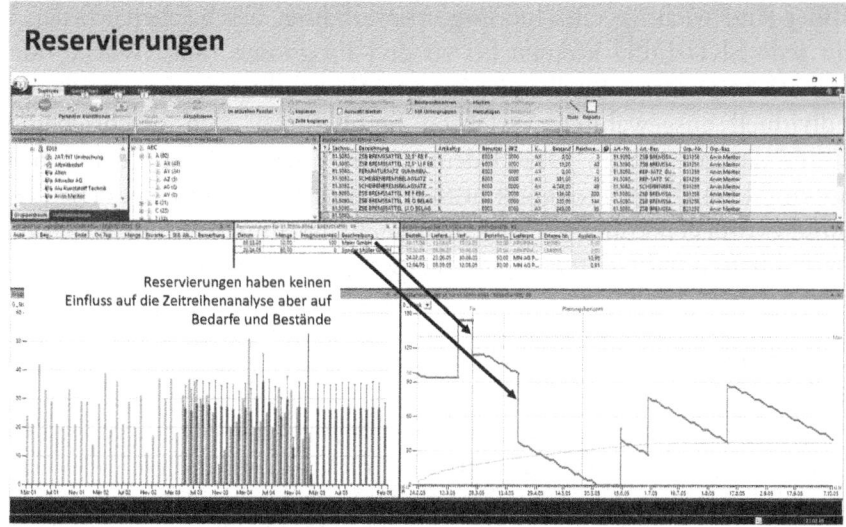

Abb. 15.19 Beispiel für Reservierungen mit Prognoseanteil 0 % und 100 %

steigen. In diesem Fall haben wie immer deterministische Informationen Priorität gegenüber der stochastischen Prognose.

Schnelle oder träge Reaktion auf aktuelle Verbräuche? Verschränkung!

Was ist, wenn

- am 5. Werktag schon mehr als die Monatsprognose verbraucht ist?
  Ist die Monatsprognose zufällig schon verbraucht und es „kommt" nichts mehr oder muss rechtzeitig entsprechend viel mehr produziert oder beschafft werden als ursprünglich prognostiziert?
- am 20. Werktag erst 10 % der Monatsprognose verbraucht ist?
  Wird der prognostizierte Monatsverbrauch zufällig in den verbleibenden 2–4 Werktagen noch anfallen?

Bisher sind wichtige einzelne Prognoseverfahren beschrieben worden.[26] Für jede SKU/DPU können bis zu drei Prognosen (Tag, Woche oder Monat) mit unterschiedlichen Horizonten vorliegen, die jeweils auf individuell ausgewählten Verfahren beruhen mit den beschriebenen Kombinationseffekten. Das bedeutet aber auch, dass für den Überlappungsbereich der Prognosehorizonte bis zu drei unterschiedliche Prognosen vorliegen können. Das macht auch viel Sinn, wenn man sich die Eigenschaften der jeweiligen periodenbezogenen Prognosen anschaut:

Tagesprognose

- ab 3. Tag Verbrauchsdaten kann eine Tagesprognose ermittelt werden
- reagiert sehr schnell auf aktuelle, nicht angekündigte oder ungeplante Bedarfe
- eignet sich nur für kurze Horizonte der Verbrauchs- und Prognosezeitreihe
  - max. 50 Tage Verbrauchsdaten
  - max. 30 Tage Prognosehorizont

Wochenprognose

- ist ab 3. Woche Echtdaten automatisch einsatzbereit
- reagiert schnell auf aktuelle, nicht angekündigte oder ungeplante Bedarfe
- Jahressaison eher schlecht abbildbar aber möglich
- eignet sich nur für mittlere Zeiträume
  - max. 50 Wochen Verbrauchsdaten
  - max. 30 Wochen Prognosehorizont sinnvoll

---

[26] Dieses Werk hat nicht den unmöglichen Anspruch alle Prognoseverfahren dieser Erde genau zu beschreiben.

Monatsprognose

- ist erst ab 3. Monat Echtdaten für 1. sinnvolle automatische Monatsprognose nutzbar
- kann Jahressaison sehr gut erkennen
- lange Zeiträume können schnell berechnet werden
  - mehrere Jahre Echtverbräuche
  - Jahresvorschau/12 Monate Prognosehorizont sinnvoll
- reagiert träge auf aktuelle, nicht angekündigte oder ungeplante Bedarfe

Im Überlappungszeitraum der Prognosen können nun die Ergebnisse der Einzelprognosen zu einer Gesamtprognose kombiniert werden. Diese Kombination wird „**Verschränkung**" genannt. Dabei soll sich die „bessere Prognose" stärker als die schwächere durchsetzen.

Vorteile

- I. d. R. noch bessere Prognosequalität in den Überlappungsbereichen.
- Die Eigenschaften und Vorteile der einzelnen Periodenprognosen werden kombiniert.

Nachteile

- Deutlich höherer Rechenaufwand pro DPU/SKU:
  - mehrere Periodenlängen müssen unabhängig gerechnet werden.
  - Verschränkungsberechnung muss zusätzlich durchgeführt werden.
- Instabile Effekte können insbesondere durch die Tagesprognose auftreten.

Beispielsweise sollen folgende Planungshorizonte vorliegen:

Tag: 14 Tage
Woche: 8 Wochen
Monat: 12 Monate

Im Überlappungsbereich der nächsten 14 Tage liegen also drei verschiedene Prognosen, die alle auf einen Tagesverbrauch heruntergebrochen werden können, vor. Danach, bis zum Ende der 8. Woche, liegen zwei unterschiedliche Prognosen aus Woche und Monate vor, ebenfalls auf Verbrauchstage heruntergebrochen. Erst ab der neunten Woche liegt nur noch eine Prognose auf Monatsbasis vor. Sie ist sozusagen die „Langfristprognose". Da das Simulationssystem nur auf Basis eines Gesamtbedarfs und damit auf Basis einer Gesamtprognose die weitere Simulation der Bestände und zukünftigen Aufträge durchführen kann, stellt sich die Frage, welche Gesamtprognose nun aus den einzelnen periodenbezogenen Prognosen in den Überlappungsbereichen der Prognosehorizonte abgeleitet werden kann. Das genaue Verfahren soll hier nicht weiter „verwirren", aber der Leser weiß ja schon, dass die Qualität einer Prognose über die Varianz bzw. Standardabweichung definiert ist. Damit existiert ein quantitatives Merkmal für die Kombination der Prognosen. Die bessere Prognose hat eine kleinere Varianz und setzt sich stärker durch. Aber auch die schwächere Prognose hat im Überlappungsbereich noch Einfluss, nur nicht so stark.

Ihr Transfer in die Praxis
- Überlegen Sie, ob Sie ein professionelles Planungswerkzeug einsetzen wollen.
- Machen Sie sich mit den Prognose- und Planungsverfahren vertraut. Das lässt Sie angebotene Systeme besser beurteilen.
- Besuchen Sie Veranstaltungen der Anbieter, wo sie Ihre Systeme vorstellen.
- Reden Sie mit Referenzunternehmen.

16

Disposition und Bestandsmanagement
Organisation des Bestandes

Ordnung ist das halbe Leben, aber die andere Hälfte …

> **Was Sie aus diesem Kapitel mitnehmen**
> - Erläuterung zur Methodik von Disposition und Bestandsmanagement
> - Erläuterungen zu Simulationsverfahren
> - Darstellung wichtiger Prozesse in Planung und Disposition

In Industrie und Handel werden i. d. R.

- jeden Tag,
- jede Woche,
- jeden Monat

und erst recht über das gesamte Geschäftsjahr viel größere Geldflüsse durch die SUMAs als durch die Geschäftsführung ausgelöst. Dabei müssen die in formulierten Ziele verfolgt werden:

1. Allgemeines Optimierungsziel:
   Es soll so in Material/Waren, Kapazitäten und Ressourcen investiert werden, dass im Rahmen festgelegter Regeln eine maximale Verzinsung des eingesetzten Kapitals entsteht.
2. Praktisches Optimierungsziel:
   Es muss durch geeignete Prozesse und Systeme nachweislich immer rentabler werden!

Was unterscheidet einen SUMA von einem Fondmanager oder Trader an der Börse? Was die Ziele angeht nichts! Das Geld der Investoren muss möglichst gut angelegt werden.[1] Auch die zur Lösung eingesetzten Werkzeuge sind ähnlich: Sie simulieren die nähere Zukunft und stellen automatisiert Entscheidungsszenarien vor. Die Anforderungen an die Visualisierung sind ähnlich, s. Abb. 16.1: Pro Arbeitsplatz stehen mehrere Bildschirme für Transaktionssystem, Simulationssysteme etc. zur Verfügung. Insbesondere die Simulationssysteme visualisieren grafisch mit möglichst hoher Informationsdichte und sehr viele Geldflüsse werden auch automatisiert ausgelöst.[2] Dieses Kapitel beschäftigt sich nun mit folgenden Fragen:

Abb. 16.1 Börsensaal in Frankfurt. (Quelle https://commons.wikimedia.org/wiki/File:Frankfurt_Stock_Exchange.jpg)

---

[1] Statt Assets wie Aktien, Immobilien, Rohstoffe etc. an der Börse.
[2] Man denke auch an den sog. „Millisekundenhandel". Hier können Menschen nicht mehr eingreifen, alles läuft automatisiert.

16 Disposition und Bestandsmanagement

- Welches Know-how braucht der SUMA?
- Welche Werkzeuge sind nützlich?

16.1 Der Dispositionsregelkreis

Das „Blockschaltbild" für das Zusammenspiel von Transaktionssystem und Simulationssystem für die Bestandsoptimierung zeigt Abb. 16.2.

Alle notwendigen Stamm- und Bewegungsdaten sowie relevante Parameter und Konditionen[3] aus dem Transaktionssystem werden permanent mit dem Simulationssystem synchronisiert. Als Ergebnis werden aktuell auszuführende Aufträge (Bestellungen) an externe und interne Lieferanten generiert, die den Optimierungszielen folgen. Der (zukünftige) Material- und Warenfluss wird durch das Simulationssystem entsprechend geregelt, angedeutet durch das regelbare Ventil. Im weiteren Verlauf dieses Buches wird der Schwerpunkt auf die Bestandsoptimierung (Grobplanung) gesetzt.

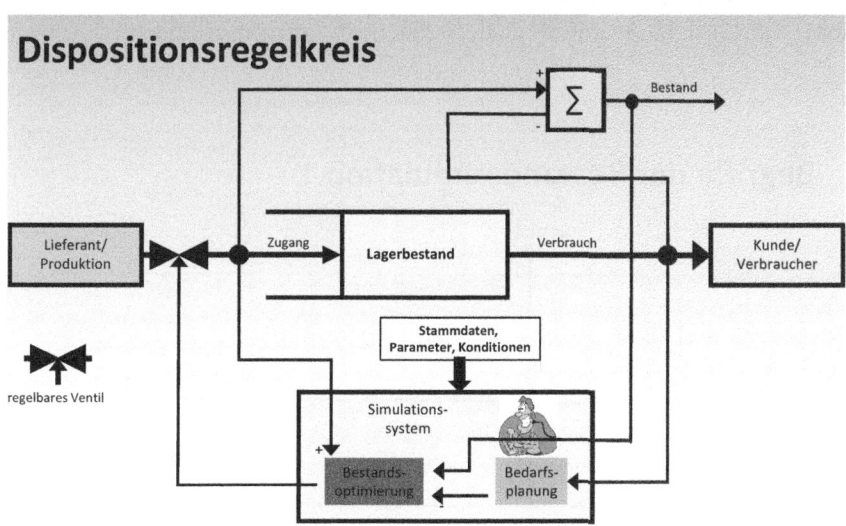

Abb. 16.2 Dispositionsregelkreis für Bestandsoptimierung

---

[3] Viele Parameter und Konditionen kennt ein Transaktionssystem nicht. Diese werden im Simulationssystem idealerweise nach dem Prinzip von Vererbung und Spezialisierung verwaltet und den Algorithmen zugeführt.

Die Integration mit der uhrzeitgenauen Feinplanung ist einsehr komplexes Thema. Die Grobplanung übermittelt als Ergebnis an den internen Lieferanten „Produktion" die aus Grobplanungssicht optimierten Fertigungsaufträge für End- und (kundenanonym gelagerte) Zwischenprodukte. In der Feinplanung werden u. a. optimierte Maschinenbelegungen, Kapazitätsauslastungen, Auftrags-, Rüst- und Reinigungsreihenfolgen, Ressourcenauslastungen unter Berücksichtigung komplexer Maschinenparameter und Maschinenkonditionen uhrzeitgenau berechnet bzw. simuliert. Die Ergebnisse beeinflussen wieder das Gesamtergebnis, also auch die werktagsgenaue Grobplanung, so dass mehrere Grob- und Feinplanungskreisläufe notwendig sein können, bis ein gutes oder zufriedenstellendes Gesamtergebnis vorliegt. Aus Platzgründen wird auf dieses Thema in diesem Buch verzichtet.

16.2 Begriffe der Bestandssimulation

Für den weiteren Verlauf werden zunächst wichtige Begriffe geklärt, s. Abb. 16.3 und 16.4. Die Begriffe werden im Glossar erläutert.

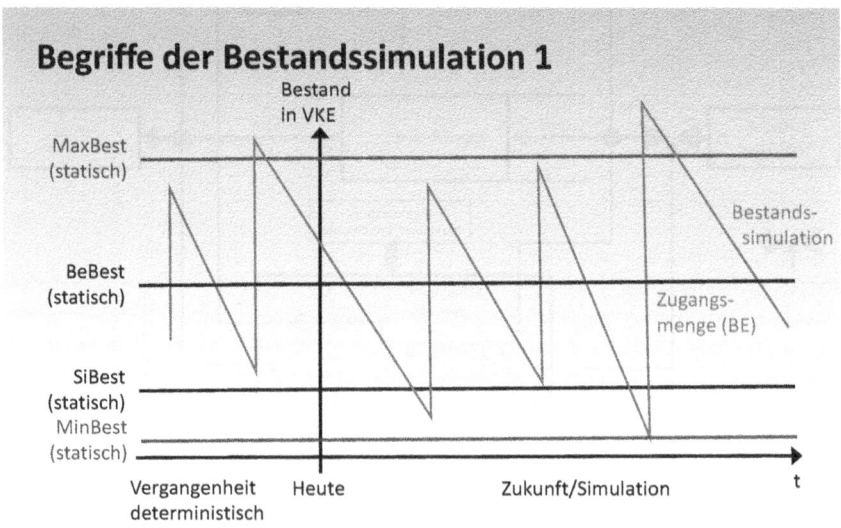

Abb. 16.3 Begriffe der Bestandssimulation 1

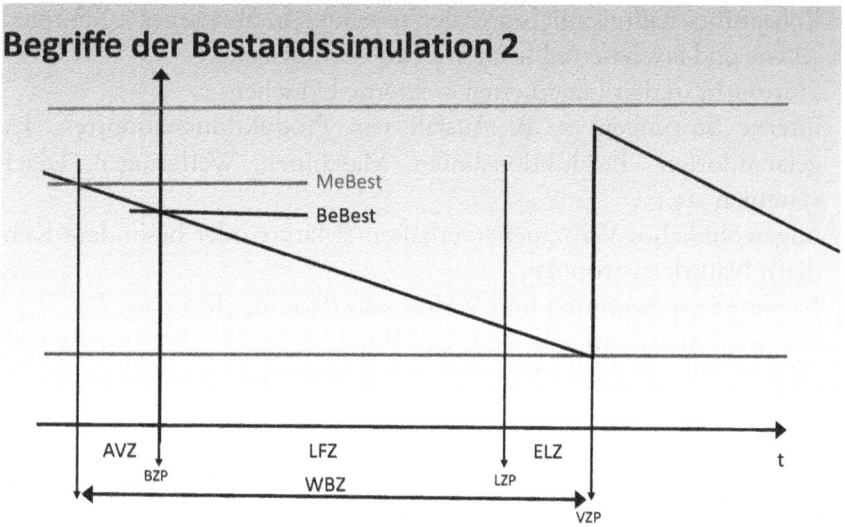

Abb. 16.4 Begriffe der Bestandssimulation 1

16.3 Der Sicherheitsbestand und wofür er gebraucht wird

Eine der wichtigsten Aufgabenstellungen ist die Berechnung oder Festlegung der Sicherheiten, die durch systematische Planungsungenauigkeiten entstehen. Eine systematische Planungsungenauigkeit liegt vor, wenn die Varianz auf Basis mathematischer Methoden errechnet wird. An dieser Stelle reicht die Feststellung, dass eine unsystematische Planungsungenauigkeit vorliegt, wenn Sicherheiten willkürlich festgelegt werden.[4] In den Planungsungenauigkeiten ist u. a. die rechnerische Ungenauigkeit, die durch die Varianz V oder Standardabweichung S ausgedrückt wird, enthalten. Darüber hinaus werden auch taktische und strategische Sicherheiten ggf. benötigt, die nicht mathematisch ermittelt werden können, u. a. für

---

[4] In der Praxis werden auch berechenbare Varianzen durch willkürliche Sicherheiten ersetzt, die bei wichtigen SKUs meist zu gering und bei unwichtigen SKUs meist zu hoch sind, s. Abschn. 16.5.

- Rohstoffbeschaffung mit begrenzter Verteilung an Abnehmer, z. B. Ernten, seltene und kostbare Rohstoffe wie Seltene Erden etc.,
- Störungen in den Lieferketten – externe Ursachen,
- interne Störungen, z. B. Ausfall von Produktionsstandorten, Lagerstandorten', Produktionslinien, Maschinen, Werkzeugen, Lagersystemen etc.,
- ungewöhnliches Verbraucherverhalten (Märkte oder besondere Kunden), Naturkatastrophen,
- Neukundengewinnung und Verlust von (Stamm-)Kunden,
- bewusste Akzeptanz von Verlusten durch Bestände für „Tote Artikel" oder extreme „Langsamdreher", z. B. für „hohe Sortimentskompetenz".[5]

Diese o. g. taktischen und strategischen Sicherheiten können nicht mathematisch sicher berechnet werden. Oft kommen hier nur „Bauchgefühl" oder unternehmspezifische Erfahrungswerte bzw. „Faustformeln" zur Anwendung oder manchmal gilt: „Bestellen was zu kriegen ist". Man kann hier an den Sicherheiten nichts richtig berechnen und optimieren. Wie in Abschn. 15.1 erläutert, ist die auf stochastischen Einflüssen begründete Berechnung des Sicherheitsbestands relevant. Eine wesentliche Einflussgröße ist hier die Standardabweichung S bzw. Varianz V, die Qualitätsaussage zu einem Prognosewert. Für die Herleitung soll zunächst (fälschlicherweise!) angenommen werden, dass die Prognose hundertprozentig genau ist, also wie ein Hellseher funktioniert. Wenn die Bedarfsplanung genau weiß, welche Bedarfe zu welchen Zeitpunkten entstehen und befriedigt werden müssen, sind S und V Null. In diesem Fall wird kein SiBest benötigt, da der SiBest nur dazu dient, diese Ungenauigkeiten zu kompensieren (auch für Unsicherheiten der WBZ). In Abb. 16.5 wird ein simuliertes Bestands-Szenario mit S bzw. V = 0 dargestellt. Die Bestandskurve verläuft so, dass eine Wiederauffüllung immer

---

[5] Die meisten Unternehmen haben keine (guten) Konzepte für Detektion und systematischen Umgang mit Toten Artikeln bzw. extremen Langsamdrehern. Demgegenüber sei nur angedeutet, dass „Neue Artikel" immer die Chance haben, mehr Umsatz und Gewinn zu erwirtschaften als Tote Artikel, wenn die Kapazität für die Neuen Artikel durch Elimination der Toten Artikel permanent als Prozess erfolgt. Jeder Neue Artikel hat auch noch die Chance, A-Artikel zu werden. Das haben Tote Artikel eher nicht.

16 Disposition und Bestandsmanagement 143

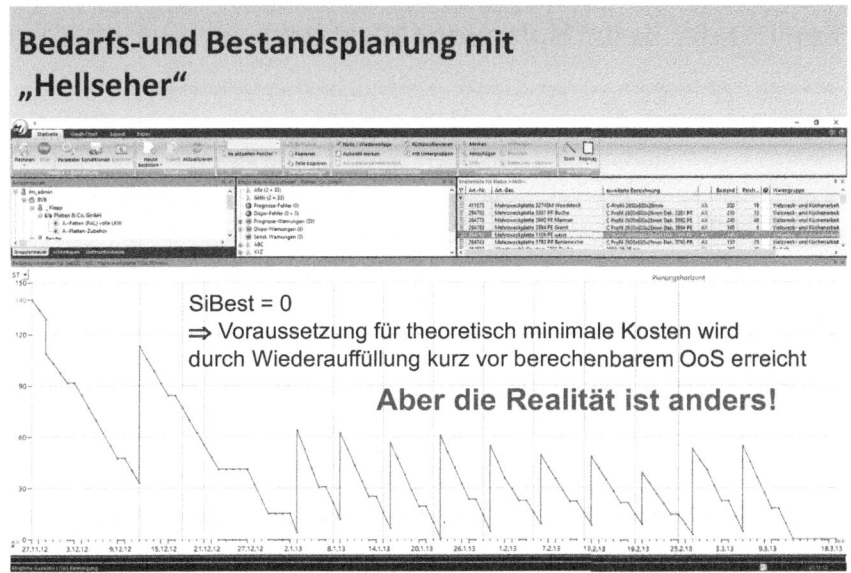

Abb. 16.5 Ein Hellseher braucht keinen SiBest!

kurz vor Unterschreitung der Nulllinie oder zufällig(!) genau am Tag der Berührung der Nulllinie erfolgt.[6]

Leider gibt es keine Hellseher und die Realität der Bedarfsprognose hat eine Varianz bzw. Standardabweichung, s. Abb. 16.6. Aus dieser Standardabweichung kann die SiBest$_{dyn}$-Kennlinie[7] errechnet werden, s. Abb. 16.7. Diese Kennlinie ist abhängig von folgenden Einflussgrößen:

t   zukünftiger Zeitpunkt ab „Heute"
SG   Servicegrad, Wahrscheinlichkeit, dass zukünftig keine OoS entsteht
S(t)   Standardabweichung zum Zeitpunkt t, Ergebnis der Bedarfsprognose

Die Kennlinie selbst hat einen „wurzelförmigen Verlauf", der durch die bekannte Formel für Fehlerfortpflanzung begründet ist. Der unbedarfte Betrachter von Abb. 16.7 mag sich nun erschrecken: Steigen die

---

[6] Logistische Rahmenbedingungen und die Werktagsgranularität verhindern i. d. R. die Berührung der Nulllinie.
[7] Das „dyn"-Kürzel ist durch den „Hinweise Verlag/Setzerei: dynamischen" Verlauf der Kennlinie begründet. Der Verlauf ist nicht statisch und insbesondere abhängig von S(t).

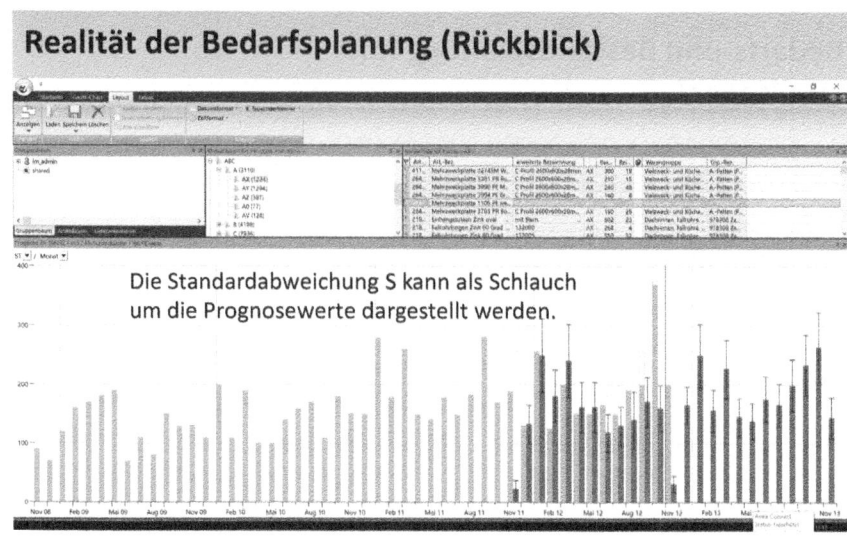

Abb. 16.6 Realität der Bedarfsprognose mit Standardabweichung

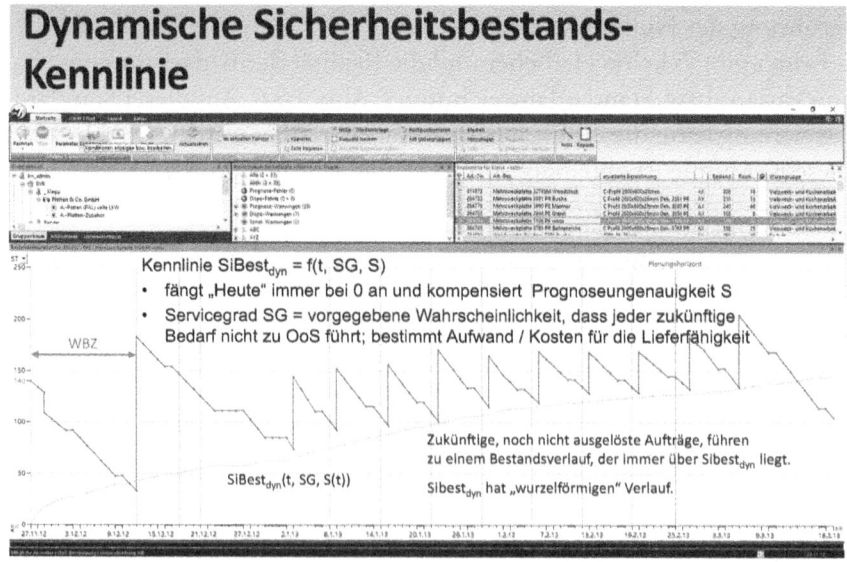

Abb. 16.7 Dynamische SiBest-Kennlinie

16 Disposition und Bestandsmanagement

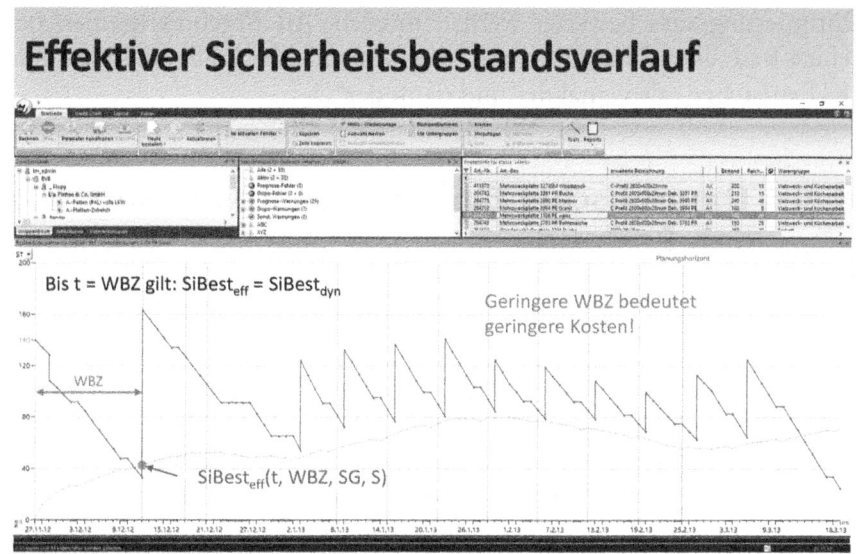

Abb. 16.8 Effektiver Sicherheitsbestandsverlauf SiBest$_{eff}$

Sicherheitsbestände für die Zukunft immer nur an? Die Antwort ist natürlich „Nein", denn eine weitere wichtige Einflussgröße auf den Si-Best ist die (lieferantenabhängige) WBZ.

Wird die WBZ auf die Kennlinie so angewendet, dass „Heute" bestellt werden muss, kann zum VZP der effektive SiBest, also SiBest$_{eff}$, an der Kennlinie „abgelesen" werden, s. Abb. 16.8. Das ist der Schnittpunkt der SiBest$_{dyn}$-Kennlinie zum VZP. Zu den drei Einflussgrößen von SiBest$_{dyn}$ kommt also noch die Einflussgröße

- WBZ(Lieferant)

Ein Vorgriff auf die Bestellrechnung: Im Falle nur eines Lieferanten, also „Single Sourcing", reduziert sich die Komplexität der folgenden Bestellmengenrechnung beträchtlich, da nur ein SiBest$_{eff}$-Szenario berücksichtigt werden muss. Im Falle mehrerer möglicher Lieferanten einer SKU mit unterschiedlichen WBZ(Lieferant) können sehr viele Kombinationen von SiBest$_{eff}$-Verläufen entstehen, die hinsichtlich des

Optimierungsziels bewertet werden müssen. Als Ergebnis können beliebige Bestellkombinationen mit unterschiedlichen Lieferanten für eine SKU entstehen, also „mal der und dann der".

16.4 Theoretischer Einfluss von Kosten auf den Bestand

Im allgemeinen Fall können drei Kostenarten unterschieden werden:

1. Beschaffungskosten BK, Bestellkosten oder Auftragskosten, Produktionskosten sind darin enthalten.
2. Lagerhaltungskosten LHK, sie entsprechen insgesamt auch dem Integral der Bestandskurve, also dem Flächeninhalt unter der Bestandskurve.
3. Fehlkosten FK

Die Gesamtkosten einer SKU sind einfach die Summe aller drei Kostenarten.

$$Gesamtkosten(SKU) = BK(SKU) + LHK(SKU) + FK(SKU)$$

Das Optimierungsziel lässt sich also erreichen, wenn gilt:

$$Bestand_{opt} = \min \sum_{\text{über alle SKU}} Gesamtkosten(SKU)$$

In der Praxis sind die BK und LHK nur sehr schwer zu ermitteln, da sie SKU-spezifisch sind. Schon kleine Differenzen in der Genauigkeit haben aufgrund der nichtlinearen Zusammenhänge in den Modellen der Bestellrechnung große Auswirkungen. Noch komplexer wird es, wenn die Fehlkosten ins Spiel kommen. Fehlkosten entstehen, wenn eine SKU eine OoS hat und ein Bedarf bei dieser SKU zum OoS-Termin anliegt. Fehlkosten werden leider bis heute von der Wissenschaft weitgehend ignoriert, wahrscheinlich weil die mathematische Modell-

16 Disposition und Bestandsmanagement

bildung heute und in Zukunft scheitert.[8] Fehlkosten haben nämlich zwei Komponenten:

$FK_{direkt}(SKU)$ Was entgeht an Wertschöpfung für diese SKU?
$FK_{indirekt}(SKU)$ Was entgeht an Wertschöpfung für andere SKUs, obwohl deren Bestand vorhanden ist?

$$FK_{gesamt}(SKU) = FK_{direkt}(SKU) + FK_{indirekt}(SKU)$$

Ein einfaches, aber typisches Beispiel aus dem Einzelhandel verdeutlicht die Herausforderung: Ein Kunde kommt in einen Baumarkt und benötigt ein bestimmtes Standardfenster. Dieser Artikel ist OoS. Nun kauft er auch die Montagewerkzeuge und Montagematerialien *nicht*, obwohl deren Bestand ausreichend vorhanden ist. Er geht – und das ist die schlimmste Situation! – zum Konkurrenten und kauft dort ggf. alles. In diesem Fall könnte ein Stammkunde auch noch zukünftige hohe Fehlkosten verursachen, da er zukünftig nicht mehr wiederkommt und Einkäufe tätigt, alles ausgelöst durch nur eine OoS! Eine OoS ist oft eine ideale Gelegenheit für den Wettbewerb. Daher ist die Beschäftigung mit besseren (nicht höheren!) Sicherheiten und SiBest so wichtig! In Abb. 16.9 ist die Verteilung der Kostenarten auf den Bestandsverlauf (lediglich) qualitativ dargestellt.[9]

Es wird deutlich, dass die Bestellmenge von BK und LHK abhängig ist. Hier gibt es übrigens mathematische Lehrbuch-Modelle die einen quantitativen Zusammenhang herstellen, z. B. im einfachen Fall die Andlersche Formel.[10] Der SiBest ist abhängig von den Fehlkosten. Prima, irgendwie logisch! Ein Teil-Optimierungsziel kann hier aber schon

---

[8] Dem Autor sind keine mathematischen Modelle oder Formeln bekannt, die Fehlkosten berücksichtigen. Ob Modelle mit Fehlkosten überhaupt etwas taugen, mag die Wissenschaft, wenn sie sie gefunden hat, bewerten.

[9] Quantitative Aussagen können aufgrund der fehlenden mathematischen Modellbildung nicht gemacht werden.

[10] Leider sind die bekannten Formeln und auch komplexeren Verfahren alle falsch aufgrund der falschen bzw. nicht möglichen Modellbildung. Sie können aufgrund der komplexen nichtlinearen Zusammenhänge auch nicht näherungsweise angewendet werden bzw. führen immer zu falschen Ergebnissen.

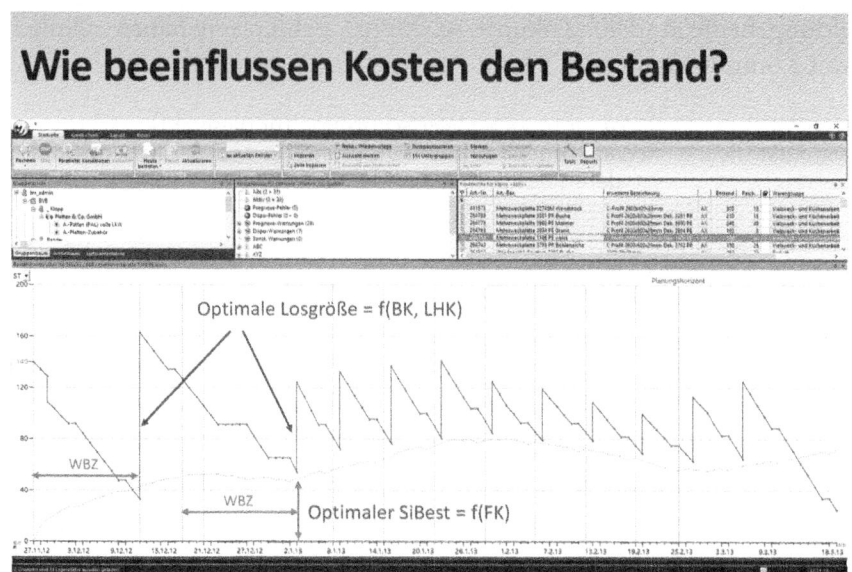

Abb. 16.9 Qualitativer Einfluss von BK, LHK und FK auf den Bestandsverlauf

abgeleitet werden: **Je kleiner die WBZ desto geringer die Kosten!** Eine kleine WBZ führt ja zu einem kleinen SiBest$_{eff}$-Verlauf, da „weiter links" die SiBest$_{dyn}$-Kennlinie abgegriffen wird, s. Abb. 16.9. Die Fehlkosten bestimmen die Höhe der Sicherheit, d. h. welcher Kostenaufwand muss getrieben werden um optimale Sicherheit zu bieten. Ein SG von 100 % kann nicht optimal sein, da er unendlich hohe Sicherheitsbestandskosten verursacht, d. h. die Kennlinie SiBest$_{dyn}$ steigt immer rasanter an, je näher sich SG den 100 % nähert. Nun kann man argumentieren, dass ein (theoretisch) optimaler SG existiert, bei dem die Fehlkosten minimal sind und damit das primäre Optimierungsziel in diesem Teil erreicht wird. Das ist auch logisch, den es muss ja den Punkt geben, an dem die Verbräuche nicht wirtschaftlich sinnvoll durch nichtlinear steigende Sicherheitsbestände gesichert werden. Anders ausgedrückt: Die Wertschöpfung steigt unterproportional mit dem Aufwand für die Sicherheit, d. h. irgendwann wird der (zu hohe) SG zu defizitären Zuständen führen.

16.5 ABC-DN/XYZ-0V – Analyse und Servicegradmatrix

Probleme der Investitionsrechnung

An dieser Stelle können die wichtigsten Probleme der analytischen quantitativen Investitionsrechnung zusammengefasst werden:

- Optimaler SiBest ist aufgrund nicht berechenbarer $FK_{indirekt}$ analytisch nicht berechenbar.
- Optimale Losgröße bei minimalen f(BK, LHK) ist analytisch nicht berechenbar.
  - Komplexe SKU-übergreifende Rahmenbedingungen.
  - Es gibt in der Praxis nur „Verbunddisposition", d. h. jede SKU hat eine Wechselwirkung zu anderen SKUs mit deren Produktions- oder Beschaffungskonditionen, s. Abschn. 16.7.
  - Individuelle Kostenermittlungen für BK und LHK für jede einzelne SKU ist betriebswirtschaftlich nicht darstellbar oder unmöglich. Weiterhin sind BK und LHK veraltet, wenn sie ermittelt worden sind.
  - Nichtlineare Zusammenhänge: Kleiner Fehler in Kostenermittlung oder Nichtberücksichtigung einer Kondition oder eines Parameters führen zu völlig falschen Ergebnissen in der Realität.

In Abb. 16.10 wird die Problematik der Fehlkosten auf Risikokosten erweitert. Damit soll dem Leser klar werden, dass die bestehenden Modelle der Investitionsrechnung nicht funktionieren, da wichtige dämpfende Einflüsse wie,

- Prognosefehler steigt mit der Zeit,
- Risikokosten steigen durch höhere als unbedingt notwendige Beschaffungsmengen,
- Flexibilität sinkt durch unnötig hohe Belastung der Kapazitäten,

Großes Problem der Investitionsrechnung

Sie ermitteln viel zu große BM!

Die Verfahren berücksichtigen nicht das Bestandsrisiko bei scheinbar „günstigen" hohen Bestellmengen. Das Bestandsrisiko muss als zusätzliche Kosten „eingepreist" werden.

Wenn also mehr bestellt wird als unbedingt notwendig führt das zu einer größeren Bestandsreichweite als notwendig:

- Prognosefehler
- Risikokosten
- Flexibilität

Bisher nicht erforscht, geringe Lösungswahrscheinlichkeit!

Abb. 16.10 Problem der Investitionsrechnung

nicht in den Modellen berücksichtigt werden. Als Ergebnis werden **viel zu hohe** und damit falsche Beschaffungsmengen errechnet.[11] Für die Teil-Herausforderung SiBest$_{eff}$ gibt es in der Praxis einen guten bis hervorragenden Lösungsansatz. Die Problematik reduziert sich ja auf die Bestimmung des optimalen SG(SKU). Mit der ABC-DN/XYZ-0V-Analyse steht hierfür eine automatisierbare, praxistaugliche und zielführende Näherung zur Verfügung.

Zunächst einmal existieren „Qualitätsklassen" A, B, C für die „Wichtigkeit":

A	sehr wichtig
B	mittelwichtig
C	unwichtig

---

[11] Erschwerend kommt hinzu, dass typische Einkäufer und Verkäufer damit keine großen Probleme haben. Der Geschäftsführer und die Inhaber schon.

sowie X, Y, Z für die Prognosequalität einer SKU.

X   gute Prognose
Y   mittelgute Prognose
Z   schlechte Prognose

Jede SKU wird also zwei Qualitätsklassen zugeordnet, die durch einen Analyseprozess des Simulationssystems ermittelt werden. In der Praxis hat sich gezeigt, dass sowohl Wichtigkeit als auch Prognosequalität jeweils zwei weitere Klassen für die allgemeine Lösung benötigen. Wichtigkeit:

D   für „Tote SKU" – von „Death"
N   für „Neue SKU" – von „New"

Prognosequalität

0   für SKU mit errechneter oder parametrierter (vorgegebener) Nullprognose
V   für SKU mit parametrierter Bedarfs-Vorgabe

Erkenntnis und Ziel ist, dass Tote, Neue, Nullprognose und Bedarfsvorgabe-SKU anders behandelt werden müssen als das „normale" Sortiment. Abb. 16.11 fasst die Definitionen der Klassen noch einmal zusammen.

ABC-DN-Analyse

Um die Wichtigkeit zu analysieren, müssen entsprechende Kriterien vorgegeben werden, wie sie z. B. in Abb. 16.12 zu sehen sind:

Klassen der ABC-DN/XYZ-0V -Lösung

A	wichtig		X	gute planbar, gute Prognose
B	nicht so wichtig			
C	unwichtig		Y	nicht so gut planbar, „mittelgute" Prognose
D	tot - raus aus Lager!			
N	neu – oft wie „tot", Chance auf ABC		Z	schlecht planbar, schlechte Prognose
			0	0-Bedarf/0-Prognose
			V	externe Bedarfsvorgabe mit oder ohne Varianzvorgabe

Abb. 16.11 Zusammenfassung der Klassen für ABC-DN/XYZ-0V-Analyse

1. **Gruppenebene**: Im ersten Schritt werden die SKUs für die Analyse auf Basis der Gruppenzugehörigkeit gefiltert. Auf welcher Produkt-, Dispositions-, Lieferanten- oder Standortgruppe soll die Analyse angewendet werden?

   Es kann notwendig sein, die Wichtigkeits-Analyse auf sinnvolle Bereiche aufzuteilen. Beispielsweise hat eine Gruppe „Hilfs- und Betriebsmittel" eine andere Wichtigkeitsverteilung als „Rohstoffe" oder „Vormaterial".

   Es muss eine sinnvolle Strukturierung der Gruppenbäume vorliegen, so dass nichtüberlappende Wichtigkeitsanalysen durchgeführt werden können.

   An dieser Stelle erkennt man auch den Wert der Gruppenbäume.

2. **N-Klasse**: Im zweiten Schritt werden die Kriterien für N angewendet und die N-SKUs gefiltert. Es verbleiben mögliche ABC- oder D-SKUs.

3. **D-Klasse**: Im dritten Schritt werden die Kriterien für D angewendet und die D-SKUs gefiltert. Es verbleiben mögliche ABC-SKUs.

4. **ABC-Klasse**: Im vierten Schritt wird das „normale", i. d. R. lagerhaltige Sortiment nach den Parametern für ABC klassifiziert.

16 Disposition und Bestandsmanagement

Die ABC-DN-Analyse hat noch viele weitere Facetten auf die hier aufgrund des Umfangs nicht detaillierter eingegangen werden kann, was den Rahmen sprengen würde.[12] Wichtig ist, dass ein sinnvoll strukturiertes Ergebnis der Wichtigkeitsklassen für jede klassifizierbare SKU vorliegt.

Im Beispiel in Abb. 16.12 werden alle SKUs der User-Hauptgruppe „lm_admin" selektiert. Die N-SKUs werden gefiltert, indem rück-

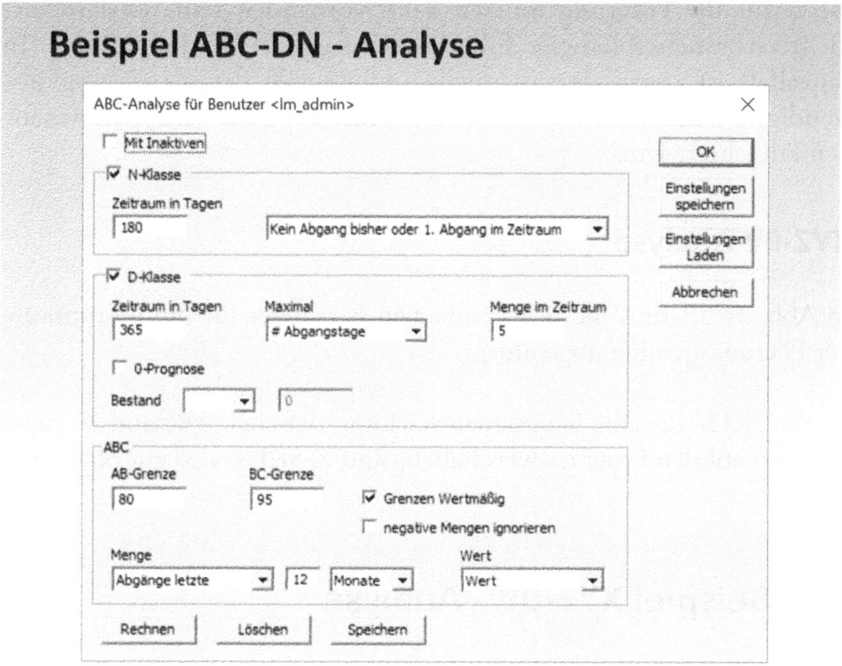

Beispiel ABC-DN - Analyse

ABC-Analyse für Benutzer <lm_admin>

☐ Mit Inaktiven

☑ N-Klasse
Zeitraum in Tagen
180   Kein Abgang bisher oder 1. Abgang im Zeitraum

☑ D-Klasse
Zeitraum in Tagen   Maximal   Menge im Zeitraum
365   # Abgangstage   5

☐ 0-Prognose
Bestand   0

ABC
AB-Grenze   BC-Grenze
80   95   ☑ Grenzen Wertmäßig
☐ negative Mengen ignorieren
Menge   Wert
Abgänge letzte   12   Monate   Wert

[OK] [Einstellungen speichern] [Einstellungen Laden] [Abbrechen]
[Rechnen] [Löschen] [Speichern]

Abb. 16.12 Beispiel für die Parameter einer ABC-DN-Analyse

---

[12] ABC-DN-Analyse in Kombination mit XYZ-0V ist ein eigenes Buch wert!

wirkend zu „Heute" in den letzten 180 Tagen kein Verbrauch oder der erste Verbrauch stattgefunden hat. Die D-SKUs werden gefiltert, wenn sie maximal fünf Verbrauchstage im letzten Jahr rückwirkend ab „Heute" haben. A-SKUs haben rückwirkend und in Summe in den letzten zwölf Monaten 80 % des Verbrauchsumsatzes bezogen auf den Wert der SKUs erzielt. B-Artikel haben entsprechend 15 % und C-Artikel 5 % erzielt. Es gibt zahlreiche in der Praxis wichtige Kriterien für die Filterung nach ABC-DN. Ersatzteile haben z. B. eine hohe Wichtigkeit, obwohl ihr Verbrauch gering ist. Entsprechende Parameter für die Filterung müssen dann vorhanden sein, so dass auch nicht verbrauchsabhängige Filterkriterien gesetzt werden können. Im Einzelfall ist sogar eine manuelle individuelle Parametrierung notwendig, die durch eine sinnvolle Strukturierung der Gruppen wesentlich erleichtert wird.

XYZ-0V-Analyse

In Abb. 16.13 sind die recht einfachen Parameter für die Bestimmung der Planungsqualität abgebildet.

- Alle SKUs, die eine Standardabweichung zwischen 0 % und 50 % bezogen auf den Prognosewert haben, sind X-SKUs, also gut planbar.

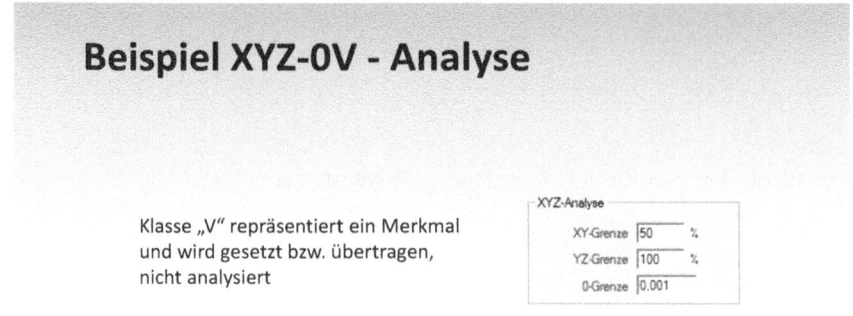

Abb. 16.13 Beispiel für die Parameter der XYZ- und 0-Analyse

- Alle SKUs, deren Standardabweichung zwischen 50 % und 100 % des Prognosewertes liegt, sind Y-SKUs, also mittelgut planbar.
- Alle SKUs mit Standardabweichung ≥100 % sind Z-SKUs und damit schlecht prognostizierbar.
- Alle SKUs, deren Verbrauchsprognose zwischen −0,001 und 0,001 liegt, erhalten die Klasse „0".[13]

16.6 Die Servicegradmatrix

Wie in Abschn. 16.4 erläutert, kann das primäre Optimierungsziel auch für die Fehlkosten leider nicht analytisch gelöst werden. Mit dem hier beschriebenen Ansatz der Servicegradmatrix steht aber eine brauchbare Lösung für die Bestimmung guter bzw. besserer Servicegrade zur Verfügung. In Abb. 16.14 wird eine Servicegradmatrix exemplarisch gezeigt, die eine in vielen Fällen sinnvolle Verteilung der Servicegrade auf die Klassen hat. Die Extremwerte liegen bei AX mit 99 % und CZ mit 90 % Wahrscheinlichkeit, dass keine OoS auftritt. Die Zwischenwerte werden

Servicegrad-Matrix für SiBest$_{eff}$

SG - Verteilungs-Matrix zur einfachen Steuerung von SiBest$_{eff}$.
Jede SKU wird im regelmäßigen Analyselauf in Matrix aktualisiert.

				teilautomatisierte Überwachung	
AX	99,000	AY	98,000	AZ	97,000
BX	98,000	BY	95,000	BZ	92,000
CX	95,000	CY	92,000	CZ	90,000

hoch automatisierbar

Abb. 16.14 Beispiel für die Servicegrad-Matrix

---

[13] Mathematisch wird hier eine sog. „ε-Umgebung" für die Klasse „0" definiert.

entsprechend angepasst, d. h. der Servicegrad verringert sich von AX nach CZ. Folgende Erkenntnisse können abgeleitet werden:

- Die Anzahl der SKUs verteilt sich meist nach folgender Struktur

    - Klasse A   <20 %, davon AZ <5 %
    - Klasse B   <30 %
    - Klasse C: >50 %, davon CZ >40 %

- Wenn eine A-SKU eine OoS hat, entsteht ein hoher Schaden durch direkte und indirekte Fehlkosten.
- Durch die typische SKU-Verteilung müssen i. d. R. weniger als 5 % der SKUs (AZ) wegen ihrer Wichtigkeit zwar teilautomatisiert, aber mit manueller Kontrolle durch effiziente und hochverdichtete Visualisierung (schnelles Anwender-Cockpit) überwacht werden. Erfahrene SUMAs schaffen das in wenigen Minuten pro Arbeitstag.
Anders ausgedrückt: **Mehr als 95 % aller SKUs können i. d. R. ohne manuelle Kontrolle in gut eingefahrenen Planungs- und Simulationssystemen vollautomatisiert wiederbeschafft werden. Das gilt auch für das Beschaffungsvolumen.**
- A-SKUs haben durch die Wichtigkeit auch eine hohe Planungsgenauigkeit. Die meisten SKUs sind im Bereich AX, die wenigsten im Bereich AZ. A-SKUs benötigen einen möglichst hohen SG. Durch die gute Planungsgenauigkeit wird die Höhe des Sicherheitsbestands aber wieder auf das richtige Maß gedämpft bzw. „bezahlbar".
- AX-Artikel und AY-Artikel sind hoch automatisierbar.
- Nur noch wenige AZ-Artikel müssen ggf. mit höherer Aufmerksamkeit durch den SUMA überwacht kann.
- Die A-Artikel machen insgesamt ca. 80 % des Verbrauch-Wertevolumens aus, s. Abb. 16.13 Das heißt, dass ca. 80 % des Umsatz-Wertevolumens größtenteils automatisiert wiederbeschafft werden kann.
- B-SKUs können aufgrund des geringen Verbrauchs-Wertevolumens ebenfalls vollautomatisiert wiederbeschafft werden.

- Im Gegensatz zu A-SKUs verteilen sich C-SKUs besonders Richtung Klasse CZ. Das ist logisch, denn aufgrund des geringen, oft sporadischen Verbrauchs sind sie oft nur sehr ungenau und mit hohen Varianzen planbar. Ein hoher SG verbietet sich in diesen Klassen, insbesondere in CZ.
- Wenn eine C-SKU eine OoS hat, entsteht ein kleiner bis vernachlässigbarer Schaden.
- C-SKUs sind ebenfalls hoch automatisierbar, wenn die Parametrierung der Wiederbeschaffungsberechnungen passende Rahmenbedingungen und ggf. auch Schranken setzt. Hier kommt es darauf an, dass die Bestände zu der geringen bilanziellen Wichtigkeit passen. OoS haben meist keine oder eine geringe Relevanz, da Verbraucher oft die geringe Wichtigkeit kennen und auch akzeptieren.

Diese Erkenntnisse stehen im deutlichen Gegensatz zu den konkreten Situationen in vielen Unternehmen ohne diese systematische Verbindung von Klassen und Servicegradmatrix. Meist haben A-SKUs zu geringe Bestände, B- und erst Recht C-SKUs haben viel zu hohe Bestände. Das führt automatisch in sehr schlechte betriebswirtschaftliche Zustände, in denen viel Umsatz verloren geht und gleichzeitig hohe Bestandskosten (an der falschen Stelle!) entstehen.[14] Weiterhin treten in so einem Fall hohe manuelle Planungs- und Dispositionsaufwände auf, ebenfalls an der falschen Stelle. So wird sehr viel Arbeitszeit für die „schwierigen" CZ und D-SKUs aufgewendet, obwohl sie kaum relevant sind und durch geeignete Maßnahmen auch hochautomatisiert wiederbeschafft werden können. Der SUMA hat die Kompetenz, sowohl die Filterkriterien für die ABC-DN/YXZ0V-Analyse(n) zu setzen, als auch die Servicegradmatrizen[15] zu besetzen. Dabei achtet er darauf, dass die Anzahl der SKUs in den

---

[14] Das Lager ist übervoll bei gleichzeitig hoher OoS-Quote.
[15] Es kann viele Servicegradmatrizen geben, wenn es die Gruppenstrukturen erfordern. Oft müssen zu verschiedenen Analysen entsprechende Pendants an SG-Matrizen vorhanden sein. Durch Vererbung und Spezialisierung und geeignete Strukturen kann der Verwaltungsaufwand erheblich minimiert werden.

Klassen der o. g. Verteilung entspricht. Wenn z. B. die Anzahl der SKUs in Klasse AZ größer ist als in AX, muss die Filterung und ggf. Strukturierung überprüft und angepasst werden, bis die Verhältnisse wieder stimmen.

16.7 Einzeldisposition und Verbunddisposition

In den vorhergehenden Abschnitten aus Kap. 16 ist der Sicherheitsbestand hergeleitet worden und logischerweise die Fehlkosten als Treiber seiner Größe identifiziert worden, s. Abb. 16.15. Es ist auch offensichtlich, dass Beschaffungskosten (BK)- und Lagerhaltungskosten (LHK) die Größe der Beschaffungsmenge BM bestimmen. Die Einzeldisposition betrachtet nur die Situation genau einer SKU ohne indirekte Einflüsse anderer SKUs. Sie berücksichtigt daher nur Parameter und Konditionen der Beschaffung, die direkt mit genau einer SKU verbunden sind, z. B.

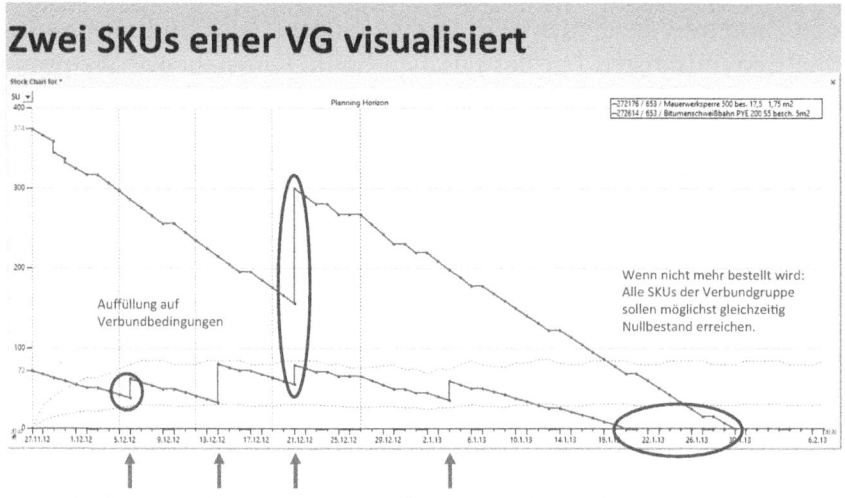

Abb. 16.15 Beispiel für den Optimierungseffekt einer Verbunddisposition mit zwei SKUs

16 Disposition und Bestandsmanagement

- EK-Preise- oder Produktionskosten
- WBZ
- Rabattstaffeln
- eigene und lieferantenbezogene Auftragskosten bzw. BK
- LHK
- Bestell- oder Lieferrhythmen

SKU-übergreifende Randbedingungen wie z. B. ein Mindestauftragswert des Lieferanten oder Mehrfachnutzung einer Produktionslinie bzw. Maschine werden nicht berücksichtigt. Die mathematischen Modelle der Investitionsrechnung sind dadurch zwar weniger komplex aber i. d. R. auch nicht herleitbar oder lösbar. In der Praxis gibt es Einzeldisposition so gut wie nicht. Sowohl im Handel als auch in der Industrie müssen SKU-übergreifende Rahmenbedingungen berücksichtigt bzw. darauf optimiert werden. Wenn ein Lieferant für mehr als eine SKU die gleiche Lieferzeit hat, liegt für LFZ und (wahrscheinlich auch für) WBZ eine „Verbundkondition" vor, die zu einer darauf ausgerichteten Optimierung führen muss. Man spricht hier von einer „Auslöse-SKU". Eine SKU, die nur mitbestellt wird, aber nicht auslöst, ist eine „Auffüll-SKU".[16] Eine bestellauslösende SKU ist eine SKU, die „Jetzt" bzw. „Heute" unbedingt bestellt werden muss, da sie anhand der Zeitberechnungen und Bestandssimulationen ansonsten zum VT[17] mindestens eine Unterschreitung des SiBest verursachen würde. Noch längeres Warten würde die OoS-Wahrscheinlichkeit nur noch erhöhen und die Simulation noch „tiefer" unter den SiBest bringen bis zur Simulation von OoS. Eine nicht bestellauslösende SKU wird bei der Auslösung einer Bestellung beim ausgewählten Lieferanten mitbestellt, ohne dass sie die Bestellrechnung anstößt („triggert"). SKU-übergreifende Konditionen sind z. B.

- Mindestauftragswert
- ganze, volle Mischpaletten

---

[16] Dieser Begriff hat sich etabliert. Natürlich werden Auslöse-SKUs auch zum Auffüllen auf Bedarf und Verbundkonditionen genutzt.

[17] VT = BT + WBZ mit Anwendung der Kalenderberechnungen von Werktagen und Feiertagen.

- LFZ oder WBZ
- volle LKW/Container
- Produktionskapazitäten
- Reinigungs- und Rüstbedingungen
- Maschinen mit Mehrfachbelegung (Parallelproduktion)
- Öfen mit Kapazität für unterschiedliche Brandchargen

Verbundgruppen sind definierte Bestellgruppen, die SKUs zusammenfassen, die mit SKU-übergreifenden Konditionen optimiert beschafft werden sollen. Das Optimierungsproblem kann dann so formuliert werden: Welche SKUs aus der Verbundgruppe werden in welcher Menge mitbestellt, damit die Randbedingungen erfüllt werden und die Bestände *aller* SKUs der Gruppe optimal sind? In Abb. 16.15 erkennt man anhand eines einfachen Beispiels mit zwei SKUs, der „blauen" und der „grünen" SKU, die Wirkungsweise und den Optimierungseffekt. Die beiden SKUs sind ein Ausschnitt von vielen SKUs einer bestehenden Verbundgruppe.

1. Zum Zeitpunkt t = 0 (27.11.) sind die Bestände der beiden SKUs zufällig auf einem bestimmten Wert. Die Optimierung hat noch nicht stattgefunden. Eine Reservierung für die grüne SKU liegt für den 29.11. an.
2. Eine erste Bestellung wird am BT 29.11. für die grüne SKU ausgelöst mit VT 13.12.[18] Zu diesem VT ist der Bestand der grünen SKU schon leicht unterhalb des eigenen (grünen) SiBest, so dass die grüne SKU die Bestellung auslösen muss, also eine Auslöse-SKU ist. Die blaue SKU wird noch nicht mitbestellt, ist somit noch nicht einmal Auffüll-SKU.
3. Eine zweite Bestellung wird am 06.12. ausgelöst mit VT 21.12 und enthält zum ersten Mal beide SKUs. Zum VT ist die blaue SKU recht nah an ihrem SiBest, so dass sie die Auslöse-SKU ist. Die grüne SKU ist Auffüll-SKU.

---

[18] Die Datumsangaben können anhand der Skalierung der Zeitachse durch abzählen ermittelt werden.

4. Die dritte Bestellung mit BT 10.12. enthält wieder beide SKUs. Der VT ist 28.12. Es gelten die gleichen Symptome wie bei der zweiten Bestellung.
5. Jede weitere Bestellung bis zum Abbruch der Simulation sieht ähnlich zur zweiten und dritten Bestellung aus: Blaue SKU ist Auslöse-SKU, grüne SKU ist die Auffüll-SKU.
6. Die Simulation wird zum Planungshorizont abgebrochen, indem keine weiteren Bestellvorschläge mehr errechnet werden. Beide Bestandskurven erreichen nach dem letzten VT in einem sehr engen Zeitfenster den Nullbestand in der Simulation. Das ist ein wichtiger Optimierungs-Effekt.

Man beachte, dass „Heute", also 27.11., keine Bestellung ausgelöst wird. Alle zukünftigen simulierten Bestellungen mit BT > „Heute" und deren Zulauf zum VT können sich anhand der Datenlage noch verändern, so dass anhand der Optimierungsziele noch reagiert werden kann und muss. Erst wenn der jeweilige BT = „Heute" ist, muss die Bestellung ausgelöst und planungstechnisch „eingefroren" werden.[19]

Eine weitere Erkenntnis dieser Optimierung ist, dass zum nächsten VT alle in der Bestellung enthaltenen SKUs insgesamt möglichst nah am individuellen SiBest sind, so dass eine maximale Flexibilität für die Optimierungsrechnung auch für den folgenden BT möglich ist. Wenn einzelne Bestände der Verbundgruppe unkoordiniert hoch sind, ist es nicht einfach möglich, zukünftig auf ein Gesamtoptimum „einzuschwingen". Weiterhin hilft für das Verständnis: Wenn nicht mehr bestellt wird, laufen alle SKUs der Verbundgruppe möglichst zeitgleich auf Nullbestand, so dass eine maximale Flexibilität für das Optimieren auf Verbundkonditionen, z. B. Mindestbestellwert, existiert. Das Ziel ist erreicht: Zum theoretischen analytischen Ansatz der Investitionsrechnung, für den es nach Abschn. 16.4

---

[19] Auch nach der Bestellauslösung kann noch so einiges passieren. Diese Datenänderungen werden im Transaktionssystem gebucht und zeitnah mit dem Simulationssystem synchronisiert.

1. Die Fehlkosten werden minimiert durch das Konzept der ABC-DN/XYZ-0V-Analyse für die Berechnung des optimalen SiBest und die möglichste nah von „oben" optimierte Bestandskurve zum VT am SiBest durch die Verbunddisposition.
2. Die LHK werden anhand der eingestellten und verhandelten Konditionen und Parameter minimiert.

Ist nun die Kombination aus BK und LHK nach diesem Lösungsansatz minimal? Theoretisch kann es möglich sein, im Falle höheren Bestellvolumens (Bestellfrequenz/Bestellmenge) zu günstigeren Gesamtkosten aus BK und LHK zu kommen, was durch entsprechende Konditionen auch (theoretisch) gegeben sein kann. Leider existieren keine funktionierenden mathematischen Modelle für SKU-übergreifende Verbunddispositionen,[20] so dass dieser Lösungsansatz der minimalen LHK unter Einhaltung der Beschaffungskonditionen derzeit der einzige und damit beste Ansatz ist. Wie gesagt, die Anwendung der Investitionsrechnungen durch z. B. diverse Verfahren der dynamischen Losgrößenrechnung ignorieren u. a. dämpfende Risikokosten für höhere Bestände. Sie führen dann zu viel zu hohen Beständen, s. Abschn. 6.4.

Umgang mit Langsamdreher- und Toten SKUs

Das vorgeschlagene Verfahren kommt an seine Grenzen, wenn Langsamdreher-SKUs oder Tote-SKUs die Bestellungen grundsätzlich auslösen können. Beispiel:

- Ein Lieferant aus Fernost hat ein Sortiment von 500 Artikeln.
- Es müssen u. a. ganze Container mit 3 Monaten WBZ beschafft werden.

Unabhängig von weiteren komplexen Konditionen und Parametern ist jetzt schon klar, dass Langsamdreher und Tote nicht die Bestellung aus-

---

[20] Eine funktionierende Lösung existiert noch nicht einmal für die Einzeldisposition!

lösen dürfen, denn der Rohbedarf aus der Bestellrechnung ist hierfür minimal. Das Optimierungssystem ist dann gezwungen, vorzugsweise mit A-SKUs die Bestellung immer wieder aufzufüllen. Dieses Dilemma kann dadurch einfach und effizient gelöst werden, indem es den boolschen Parameter[21] für „Darf Auslösen" gibt. Nur wenn er gesetzt ist, kann eine SKU eine Verbundbestellung auslösen. Alle anderen SKUs haben nur die Möglichkeit, mitbestellt zu werden, wenn Bedarf anliegt und/oder die Auffüllung im Sinne des Optimierungsziels Sinn ergibt. Die ABC-DN/YXZ-OV-Analyse kann nun gleichzeitig für diesen Parameter verwendet werden, indem die jeweilige Klasse auch den „Darf-Auslösen"-Parameter setzt oder nicht. Logischerweise sind die wichtigen SKUs meist auch Schnelldreher, so dass die A-SKUs grundsätzlich auslösen können. C-SKUs, insbesondere CZ-SKUs sowie Tote SKUs, eignen sich nicht zum Auslösen. B-SKUs liegen „dazwischen". Der Autor ist eher geneigt, B-SKUs wie C-SKUs zu parametrieren, aber i. d. R. erfordert das eine tiefergehende Analyse der Rahmenbedingungen im Unternehmen.[22] Ein Nachteil ist, dass Nicht-Auslöse-SKUs eine höhere OoS-Wahrscheinlichkeit haben als durch den zugeordneten SG (aus der Servicegradmatrix) vorgegeben. Das ist aber i. d. R. mehr als verkraftbar, da die immer begrenzten Lagerkapazitäten auf wichtige SKUs zulasten unwichtiger SKUs konzentriert werden sollen.

16.8 Wichtige Prozesse in Planung und Disposition

Zur Verbesserung der Planungs- und Dispositionsqualität können weitere typische deterministische Informationen helfen. Wenn die damit verbundenen Prozesse sauber umgesetzt und angewendet werden, wird das Planungs- und Dispositionsergebnis sich ebenfalls sehr gut in der Bilanz wiederfinden.

---

[21] Es gibt nur zwei Zustände: 0 und 1, „darf" und „darf nicht" etc.
[22] Es gibt zahlreiche Möglichkeiten, die Bestände für Langsamdreher automatisiert durch geeignete Rahmenbedingungen „in den Griff" zu bekommen. Der Umfang der Möglichkeiten sprengt hier den Rahmen.

Lieferantenkontrakte

Zur Sicherstellung der Versorgungssicherheit werden in Industrie und Handel oft Kontrakte verwendet.

Hierbei verpflichtet sich der Lieferant eine bestimmte Menge eines Artikels für einen bestimmten Zeitraum zu liefern. Diese Menge kann in eine Anzahl Teillieferungen erfolgen.

Das Transaktionssystem verwaltet diese Kontraktdaten und synchronisiert den Stand mit dem Simulationssystem wie in Abb. 16.16. Zu einer SKU können mehrere Kontrakte existieren. Daher eignet sich der aktuelle Kontrakt-Restmengenwert für die systematische Auswahl des Lieferanten für den nächsten Auftrag. So kann z. B. über aus strategischen Gründen immer der Lieferant mit der größten Kontrakt-Restmenge ausgewählt werden, damit alle Kontrakt-Lieferanten gleichmäßig „bedient" werden (wenn die Kontrakt-Startmengen entsprechend gleich verteilt werden). Ein verfeinertes Verfahren kann auch das Verhältnis

Restmenge/Startmenge

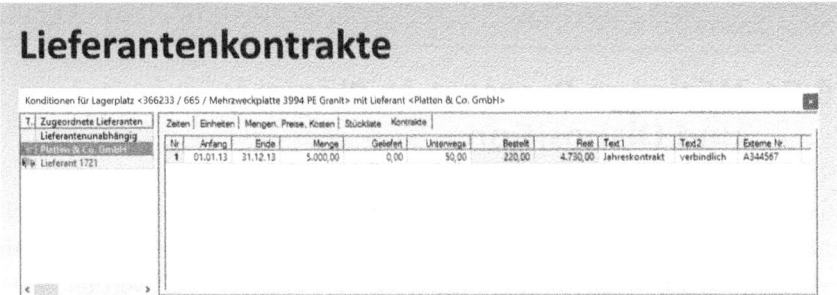

Abb. 16.16 Beispiel für einen Lieferantenkontrakt

als Auswahlkriterium verwenden. Anhand der WBZ kann rechtzeitig eine Warnung generiert werden, welche Lieferantenkontrakte auslaufen, so dass entsprechend rechtzeitig neu verhandelt oder anderweitig reagiert werden kann. „Rechtzeitig" bedeutet, dass mindestens die WBZ oder ein Vielfaches davon nötig ist, um den Lieferantenkontrakt zu erneuern und die Lieferfähigkeit zu verhandelten Konditionen sicherzustellen. Diese rechtzeitige Erneuerung kann auch deutlich vor verhandeltem Laufzeitende eintreten.

Kundenkontrakte

Analog zu Lieferantenkontrakten können SKUs für Kundenbelieferung entsprechend reglementiert sein.

Ziel: Kontrakte sollen eine höhere Lieferwahrscheinlichkeit für Kunden bewirken. Vereinbarte Menge pro Kontrakt soll immer für Kunden bereitstehen, also reserviert sein.

Lösung:

- Jeder Kontrakt i hat einen eigenen $SiBest_{Ktr,i}$
- $SiBest = SiBest_{eff} + SiBest_{Ktr,i}$
- Eine maximale Anzahl an Abrufen kann pro Kontrakt eingestellt werden.

Zum Kontraktbeginn wird $SiBest_{Ktr,i}$ sofort zu $SiBest_{eff}$ addiert, zum Kontraktende wird $SiBest_{Ktr,i}$ auf Null abgebaut. Innerhalb der Lieferanten-WBZ der SKU muss nun die kundenspezifische Kontraktmenge ermittelt werden, die maximal abgerufen werden kann. In Abb. 16.17 wird die Verarbeitung der Kundenkontrakte an einem Bespiel deutlich. Auch hier werden die Kundenkontrakte über das Transaktionssystem verwaltet.Analog zu den Lieferantenkontrakten (s. Abb. 16.17) kann der Vertrieb rechtzeitig informiert werden, dass ein noch laufender Kundenkontrakt erneuert werden muss, auch vorzeitig zum bestehenden Vertragsende.

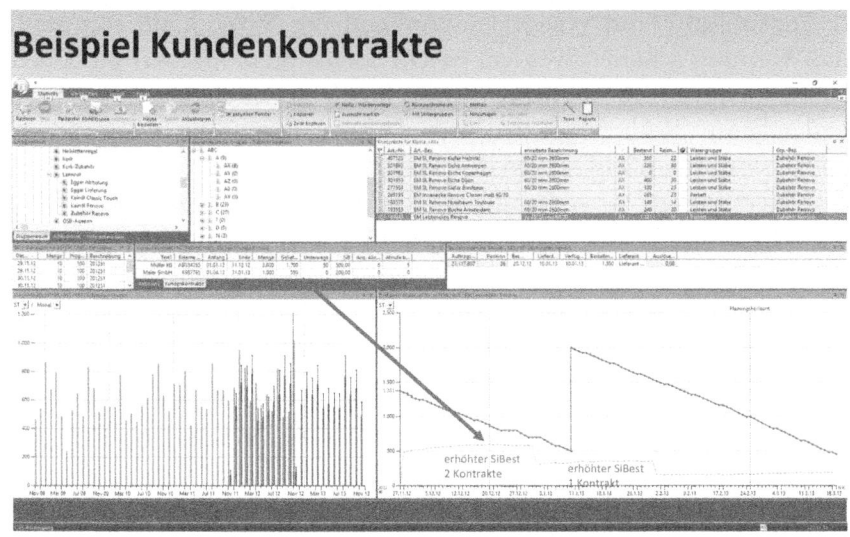

Abb. 16.17 Beispiel für eine SKU mit zwei Kundenkontrakten

Anlaufsteuerung für Neue SKUs

Die Anlaufsteuerung ist zunächst eine Aufgabe der Bedarfsplanung aus Abschn. 15.5. Für eine systematische und automatisierte Bedarfsplanung müssen Informationen vorliegen oder generiert werden, damit eine ausreichend lange Bedarfszeitreihe als Input für die Dispositionsrechnungen vorliegt. Es gibt verschiedene Modelle für „Neue SKUs" (N-SKUs, s. Abschn. „ABC-DN-Analyse"), die sich durch den Grad der Informationslage abgrenzen:

- Vollständig neue SKUs ohne Kenntnis über Vorläufer, Saison-Annahmen etc.
  In Abb. 16.18 ist ein einfaches Beispiel für so einen Fall zu sehen. Dort wird mit einer manuellen Mittelwert- und Standardabweichungs-Vorgabe eine „Bedarfsprognose" erzeugt. Damit kann dann der Dispositionsanlauf rechtzeitig erfolgen.
- Teilweise neuer SKU-Bedarf, da Teilformationen automatisiert oder manuell abgeleitet werden können, z. B. Saisonverlauf.

- „Harte Saison-SKU" sind z. B.
  - Gartenartikel: wandernder Saisonzeitraum im Jahr, keine klare Zeitvorgabe automatisiert möglich. Manuelle Vorgabe notwendig wegen meist langer WBZ.
  - Weihnachtsartikel: statischer automatisierbarer Saisonzeitraum.
  - Osterartikel: wandernder, automatisierbarer Saisonzeitraum nach Osterformel.
  - Schulartikel: korrelierend mit Sommerferien/Schulanfang der jeweiligen Region, i. d. R. Ganzjahresartikel mit automatisierbarer „Wandernder Saison".

Die Vielzahl der hier möglichen Kombinationsmöglichkeiten sprengt den Rahmen dieses Buches. Wichtig ist, dass durch möglichst vollständige und auch automatisierbare Informationsverarbeitung eine Reduzierung der Unsicherheiten und damit der Bestände bei gleichzeitig bestmöglicher Lieferfähigkeit möglich ist.

Das Ziel der Anlaufsteuerung ist es, mit minimalen bis keinen manuellen Vorgaben eine möglichst automatisierte Disposition zu ermöglichen. Im Beispiel in Abb. 16.18 wird lediglich eine initiale manuelle Einschätzung des Bedarfs in Form einer Mittelwertprognose mit Standardabweichung benötigt. Alle anderen Informationen können über die Stamm- und Bewegungsdaten mit dem Transaktionssystem synchronisiert werden. Selbst die Vorgabe kann im Transaktionssystem erfolgen, so dass im Simulationssystem keine manuellen Aktionen notwendig sind. Im Simulationssystem sind minimale Anzahl Stützstellen für automatisierte Bedarfsprognoserechnungen hinterlegt, damit manuelle und veraltete Vorgaben durch automatisierte Planung möglichst schnell ersetzt werden.

Aus Erfahrung ist es oft besser, lediglich zwei Tagesverbräuche als Grundlage für die erste Prognose zu verwenden, als manuellen Vorgaben länger zu vertrauen.[23]

---

[23] Das gilt vor allem bei schnelldrehenden Konsumgütern. Das Konzept kann entsprechend auf Wochen- oder Monatsperioden erweitert werden.

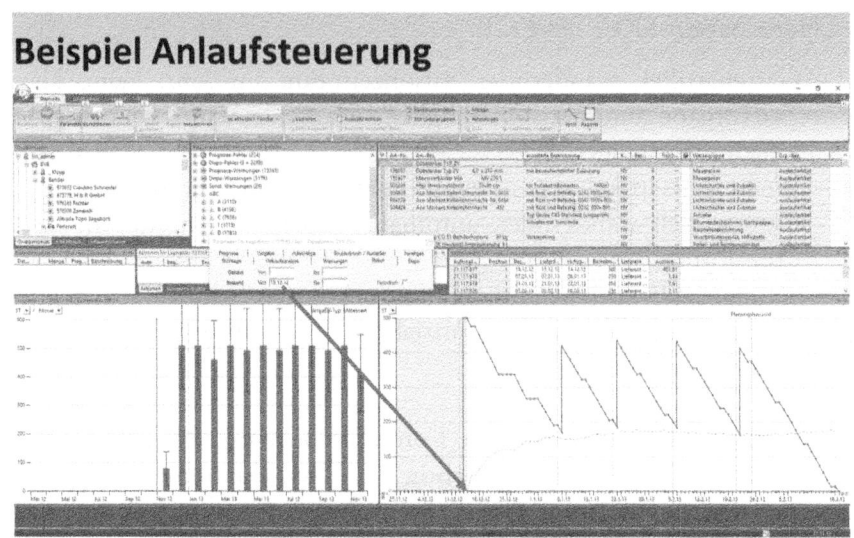

Abb. 16.18 Beispiel für den Anlauf einer N-SKU mit Mittelwertvorgabe

Manuelle Vorgaben veralten schneller als man manuell(!) nachkommt. Daher ist die systematische und automatisierte Behandlung der echten Verbräuche das Ziel des Neuanlaufs von Artikeln. In Abb. 16.7 ist der nicht aktive Verbrauchszeitraum grau markiert. Dann wird so nah wie möglich vor dem ersten geplanten Verbrauchstermin (weiß markiert) der Bestand durch eine Erstbestellung aufgebaut. Die Bestandskosten, die dem Flächeninhalt unter der Bestandskurve entsprechen, werden so systematisch minimiert. Dieses Prinzip der Anlaufsteuerung gilt auch für andere o. g. Modelle der N-SKUs.

Auslaufsteuerung

Auslauf-SKUs sollen zu einem geplanten zukünftigen Auslaufdatum möglichst zeitnah danach auf Nullbestand laufen, damit die Bestandskosten und das Bestandsrisiko für Restbestände minimiert werden.

16 Disposition und Bestandsmanagement

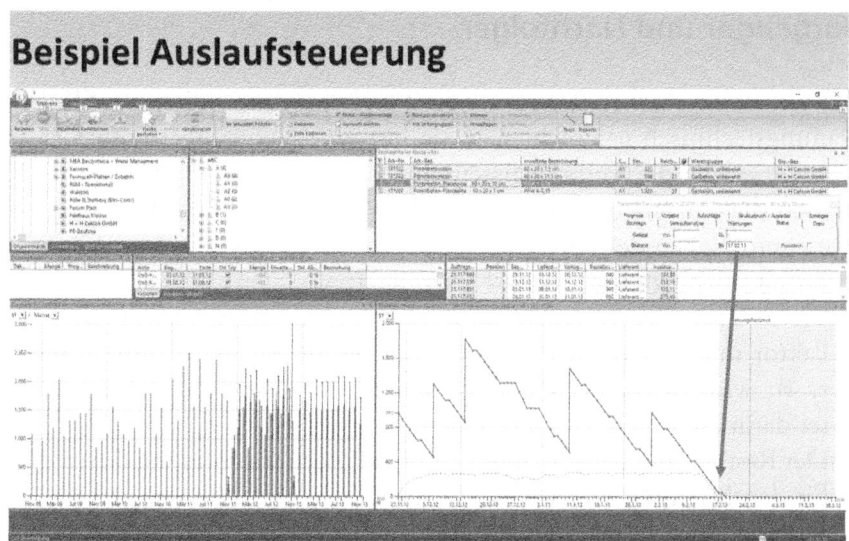

Abb. 16.19 Beispiel für eine Auslaufsteuerung

Abb. 16.19 zeigt ein Beispiel für einen SKU-Auslauf. Zur Auslaufsteuerung muss nur der Termin „Bestand bis" eingetragen sein. Rechts von diesem Termin ist der – möglichst bestandslose – Bereich grau markiert. Der Bestand wird nun so optimiert, dass er so nah wie möglich von rechts kommend auf Nullbestand disponiert bzw. simuliert wird unter Einbeziehung aller anliegenden Konditionen und Parameter der Beschaffung. In der Praxis wird diese Planung leider nicht konsequent durchgeführt, sondern sehr oft wird eine SKU ad-hoc auf „Auslauf" gesetzt, so dass sie nicht mehr nachbestellt werden kann und damit „irgendwann" zufällig oder auch gar nicht ausläuft, d. h. Nullbestand erreicht. Auch die SKUs mit einer „Harten Saison" müssen rechtzeitig das harte Auslaufdatum erhalten.

Mit der Kombination aus Anlauf- und Auslaufsteuerung lassen sich die o. g. Arten von SKU sehr gut automatisieren (s. o. Weihnachtsartikel, Harte Saison etc.).

Vorgänger und Nachfolger

Ein weiterer typischer Prozess ist die Vorgänger-Info. Die neue SKU ist planungstechnisch gar nicht neu, sie löst einen Vorgänger entweder ab oder sie erhält die Verbrauchszeitreihe des Vorgängers. In Abb. 16.20 werden die einfachen Parameter für die Vorgänger-Datenzuordnung beschrieben. Neben der Referenz auf die Vorgänger-SKU werden folgende Informationen ggf. nach Bedarf verwendet:

- Faktor mit dem die Vorläuferverbräuche multipliziert werden sollen, z. B. wird ein „10er-Pack" zu einem „5er-Pack", der Faktor lautet dann „2".
- Der Restbestand des Vorläufers soll unter Berücksichtigung des Faktors für den Nachfolger verwendet werden.
- Es kann einen Überlappungsbereich geben, in dem der Vorläufer noch verbraucht und der Nachfolger anläuft. Durch die Wahl eines „Verwenden bis"-Datums wird die Verbrauchszeitreihe des Vorläufers hart zu diesem Termin abgeschnitten.

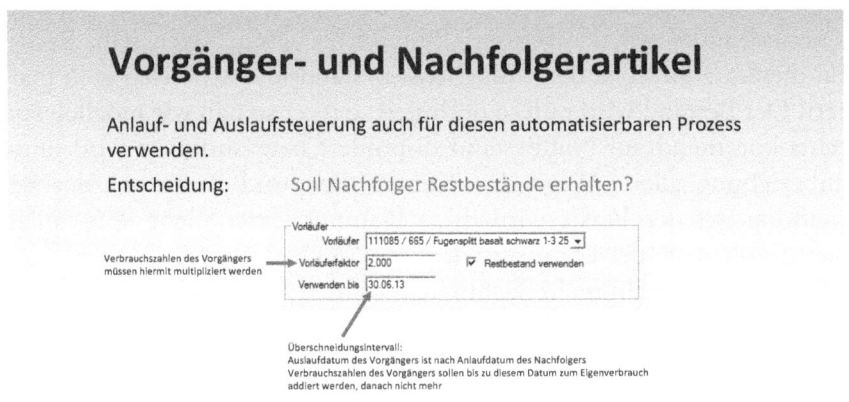

Abb. 16.20 Beispiel für Parameter eines Vorgängers

Mit Hilfe von Anlauf- und Auslaufsteuerung sowie die Verkettung von Vorläufern zu Nachfolgern lässt sich nun ein großer Anteil an SKUs weitgehend automatisieren.

16.9 Umgang mit Reservierungen und Großaufträgen

Wie schon in Abschn. „Reservierungen und Prognoseanteil, Umgang mit Großaufträgen" ausgeführt, darf ein Großauftrag nicht wie ein Normalauftrag durch die Auftragsannahme laufen. Großaufträge müssen anders behandelt werden, im Idealfall so:

1. Die Reservierung hat einen entsprechenden zugewiesenen oder errechneten Prognoseanteil, i. d. R. „0", d. h. die Reservierungsmenge ist nicht in der Prognose enthalten.
2. Es darf maximal die errechnete Normalauftragsmenge der SKU sofort ausgeliefert werden.
3. Der Auftragsrest darf erst nach Ablauf der WBZ ausgeliefert werden.

Typischerweise sind Kunden nicht verärgert, wenn ein Artikel nicht sofort komplett geliefert werden kann, sondern wenn die zugesagte Lieferqualität, d. h. die maximale normale Auftragsmenge ab Lager, nicht geliefert werden kann oder der angekündigte Nachliefertermin nicht eingehalten wird. Wenn gegen diese Regeln verstoßen wird, treten i. d. R. folgende Probleme und Fehler auf:

- Eine OoS-Situation tritt innerhalb der WBZ auf, da der SiBest nicht auf die große Menge ausgerichtet ist.
- Ein Großauftrag wird oft durch einen geringeren Stückpreis gewonnen. Wenn dann durch eine OoS (s. o.) andere „Normalaufträge" nicht mehr ad-hoc geliefert werden können, entstehen direkte und

indirekte höhere Fehlkosten. Das bedeutet, dass ein unkontrolliert angenommener und ausgeführter Großauftrag ad-hoc massive Verluste erzeugen kann. Oft werden Großaufträge durch z. B. eine Ausschreibung von bisher unbekannten Kunden aufgrund des geringsten Preises gewonnen. Mit diesen Kunden werden nicht unbedingt nachhaltige Geschäfte zu guten Preisen gemacht.

- Eine OoS ist immer die Gelegenheit für den Wettbewerb! Wenn ein Stammkunde, mit dem u. U. schon jahrelang gute Geschäfte zum Normpreis abgewickelt worden sind, plötzlich seinen Artikel nicht wie gewohnt in der vereinbarten LFZ geliefert bekommt, ist er i. d. R. gezwungen, beim lieferfähigen Wettbewerb zu bestellen. Dann ist die Gefahr groß, dass er dort neuer Stammkunde wird und die zukünftigen Verkäufe gehen verloren!

Eine OoS kann also nicht nur ad-hoc einen großen Schaden verursachen, sondern nachhaltig noch einen viel größeren durch selbstverschuldeten Wegfall eines guten Stammkunden. Man sollte versuchen, seine (Stamm-) Kunden zu motivieren, geplant Großaufträge zu vergeben. „Geplant" bedeutet, dass große Mengen rechtzeitig, also *außerhalb der WBZ* reserviert werden. Dann kann zu geringeren Stückkosten verkauft und geliefert werden, da Mengenrabatte und geringere logistische Kosten durch auftragsorientierte Disposition weitergegeben werden können. Kunden können i. d. R. durch Preise und Kosten motiviert werden.[24] Betriebswirtschaftlich müssten unangemeldete Großaufträge sogar zu höheren Stückpreisen ad-hoc (falls möglich!) ausgeliefert werden, weil die Kosten größer sind als bei Normalaufträgen und Normalpreisen. Letztlich müssen alle Großaufträge mindestens sofort erkannt und meist manuell und ggf. mit dem Kunden unter Berücksichtigung der hier beschriebenen Effekte verhandelt werden.

---

[24] Lieferanten werden durch Pönale „diszipliniert". Im Prinzip ist das das Gleiche, aber das Verhalten von Kunden/Verbraucher wird „motiviert".

16 Disposition und Bestandsmanagement

Ihr Transfer in die Praxis
- Eruieren Sie, wie aktuell in Ihrem Unternehmen Disposition und Bestandsmanagement durchgeführt werden.
- Vergleichen Sie das Ergebnis mit den angeführten Methoden und Erläuterungen.
- Erkennen Sie Optimierungspotenzial und erarbeiten Sie einen Vorschlag zur Implementierung.

17

Organisation
Unterschiedliche Interessen – aber ein Ziel

Wenn jede Abteilung an sich selbst denkt, ist ja an alle gedacht – oder?

Was Sie aus diesem Kapitel mitnehmen
- Identifikation der Interessen
- Rolle des Supply Managers
- Empfehlungen für Führungskräfte
- Auswahl unterstützender Systeme

17.1 Referenzorganisation

In den meisten größeren Unternehmen aus Industrie und Handel wird aufgrund der notwendigen Arbeitsteilung traditionell eher funktionsorientiert gearbeitet. Nachteilig ist, dass das Gesamtoptimum, also konkret eine maximale Rendite, nicht durch die Summe der Einzeloptimierung der Funktionsbereiche erzielt wird. Erschwerend kommt hinzu, dass durch die unterschiedliche Interessenslage der operativen Einheiten Vertrieb, Einkauf, Produktion/Logistik (etc.) oft gegeneinander gearbeitet wird, so dass noch nicht einmal die lokalen Optimierungen, z. B. hohe Lieferfähigkeit für den Vertrieb oder günstige EK-Konditionen für den Einkauf, erreicht werden können.

Eine besondere Stellung hat in der Industrie der Bereich „Produktion". Die eigentliche Produktion läuft aufgrund besonderer Rahmenbedingungen wie Kapazitätsauslastung, Reihenfolgerestriktionen und Produktionszeiten etc. sowie ggf. hohe Investitionskosten der Infrastruktur oft schwächer gekoppelt an den aktuellen Bedarf. Da auch Handelsunternehmen letztlich von Produktionsunternehmen abhängig sind, müssen auch hier ggf. Produktionsrestriktionen berücksichtig werden, was auch an Machtverteilungen gekoppelt sein kann. Das Ergebnis sind komplexe, oft schwer durchschaubare und kostenbelastende Lagerungssysteme für Vor-, Zwischen und Fertigprodukte, die zwischen Industrie und Handel auch ggf. verhandelt und aufgeteilt werden müssen. Klassische Produktionsplaner bzw. „die Produktion" nehmen weniger Rücksicht auf aktuelle Bedarfe und bilden einen eigenen komplexen Kosmos innerhalb des Unternehmens, der auch für andere Bereiche im Unternehmen oft intransparent und schwerer verständlich ist.

Das ursprüngliche Ziel, so in Material und Ware zu investieren, dass eine maximale Verzinsung des eingesetzten Kapitals entsteht, s. Abschn. 12.7, lässt sich nur erreichen, wenn die Einzeloptimierungen der Bereiche durch eine Gesamtoptimierung abgelöst werden. Das bedeutet, dass Planung und Disposition einen eigenen, zentralen Bereich bilden, der nur diesem einzelnen Ziel folgt. Im Falle von nicht auflösbaren Konflikten ist die Geschäftsführung gezwungen, die richtigen Entscheidungen zu fällen. Es muss hier noch einmal darauf hingewiesen werden, dass ein gutes Supply Management den anderen Bereichen in der Regel informationstechnisch voraus ist, weil die Entscheidungen eines guten Supply Managements auf bereichsübergreifenden Fakten (Daten) und mit der GF festgelegten Regeln basieren um die Rendite zu optimieren.

Daher wird folgendes Referenzmodell für Industrie und Handel empfohlen. Das Referenzmodell beinhaltet das allgemeine Industriemodell, das Handelsmodell kann leicht abgeleitet werden, indem die „Produktion und Logistik" reduziert wird auf „Logistik". Produktionen und Produktionsplanung sind im Handel auch gängige Praxis, z. B. wenn Waren als Vormaterial bestellt werden und über Stücklisten zu „Sets" zusammengebaut werden, manchmal durch externe Dienstleister, die durch das Handelsunternehmen genau gesteuert werden müssen.[1] Ebenso sollte im Zentrallager eines Einzelhandelsunternehmens mit hochfrequenten Massenlieferungen, z. B. LEH,[2] eine uhrzeitgenaue Kapazitätsplanung erfolgen, um hohe Kosten für LKW-Standzeiten zu vermeiden (Abb. 17.1).

Beispiele für schlechte oder nachteilige Organisationen bzw. Merkmale:

- Die Planung und Disposition von EK-Materialien/Waren ist dem Einkauf untergeordnet.
- Der Vertrieb plant die Bedarfe.
- Der Einkauf verhandelt ohne Rücksicht auf Bedarfe.
- Der Lieferant mit dem billigsten Preis ist der beste.
- Der Kunde darf Großaufträge unkontrolliert bestellen, im schlimmsten Fall auch noch zu einem günstigeren VK-Preis.
- Es dürfen Großaufträge ad-hoc ohne Vorbereitung des Lieferanten bestellt werden.

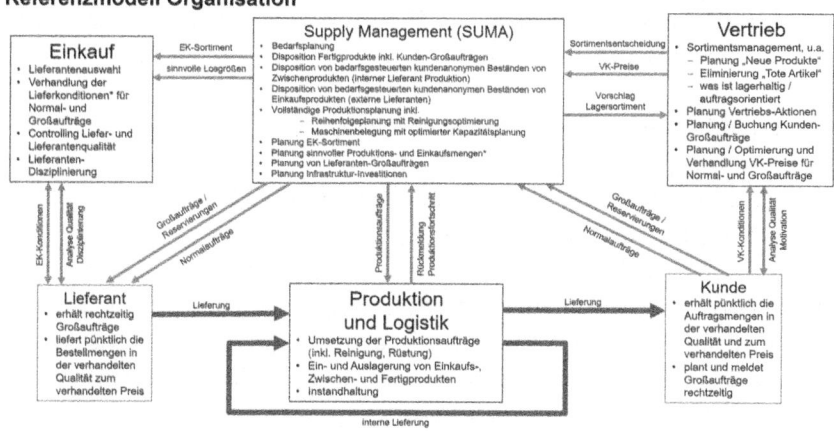

Abb. 17.1 Organisations-Referenzmodell

---

[1] Eine Steigerung der Komplexität im Handel erfolgt, wenn die Vormaterialien in Sets aber auch direkt als Fertigprodukt verkauft werden ohne Stückliste.
[2] LEH = Lebensmittel-Einzelhandel.

- Der Vertrieb darf unkontrolliert das lagerhaltige Sortiment entscheiden.
- Der Vertrieb plant unkontrolliert Verkaufsaktionen.

Das Referenzmodell ist ein allgemeiner Ansatz, der auf eine individuelle Unternehmenssituation angewendet werden soll. Ebenso werden nur die wichtigsten Daten (grüne, dünne Pfeile) im Datenaustausch der Bereiche behandelt.

17.2 Supply Manager – SUMA

Der Supply-Manager, kurz: **SUMA**, ist der operativ Verantwortliche für die Aufgabenstellung aus Abschn. 12.7. Es muss mindestens zwei SUMAs im Unternehmen geben, in der Regel werden so viele SUMAs benötigt, wie Aufwand für den Betrieb des Planungs- und Dispositionssystems notwendig ist. Ein wichtiges Ziel eines SUMA ist die Minimierung des manuellen Aufwands durch Automatisierung für seinen Bereich und die Vertretung eines anderen SUMA z. B. im Fall von Urlaub oder Krankheit. Die folgenden Begriffe und Aufgabenbereiche werden unter „SUMA" neu zusammengefasst

- Materialdisponent oder Warendisponent
- Produktionsplaner
- Material- oder Waren-Bestandsmanager, Stock-Manager
- Supply Chain Manager, SC-Manager

Der SUMA ist als Profi für Bedarfsplanung und Disposition für seine Aufgabe trainiert. Er ist sowohl mit dem vorhandenen Transaktionssystem, als auch mit dem Simulations- und Optimierungssystem vertraut, so dass er bestmögliche Dispositionsentscheidungen treffen und große Geldflüsse selbstbewusst auslösen kann. Dem SUMA ist es egal, ob er für ein Handels- oder Industrieunternehmen arbeitet, da das individuelle Modell „seines" Unternehmens aus einem allgemeinen Industriemodell abgeleitet werden kann, s. Kap. 14. Er kennt die Modelle und kann selbst das aktuelle Modell korrekt ableiten. Eine weitere sehr wichtige Voraussetzung ist die bereichsübergreifende Optimierung. Gerade der Bereich Produktion wird i. d. R. von Produktionsspezialisten, z. B. Arbeitsvorbereitern, noch geplant. Das ist antiquiert und im Sinne der Optimierung nicht zielführend. Das ist auch integrierter Bestandteil der Arbeit des SUMA. Daher interessiert sich der erfolgreiche SUMA nicht für angelernte, unternehmensspezifische Arbeitsweisen, Verfahren oder „Gewohnheiten". Er kennt die richtigen, unternehmensunabhängigen Methoden und Prozesse und verknüpft sie mit den Stamm- und Bewegungsdaten (Abb. 17.2).

Der SUMA beschafft fehlende Daten. Verantwortliche Kollegen aus anderen Bereichen müssen ihm diese Daten liefern, wenn sie noch nicht systematisch im Buchungssystem eingetragen sind. Er vermeidet „Bauchgefühl". Trotzdem gibt es zahlreiche Fälle in der täglichen Praxis, die nicht systematisch gelöst werden können, weil die Datenlage insbesondere zur Bedarfsplanung es nicht zulässt. In diesem Fall kann innerhalb der verbindlich festgelegten Rahmenbedingungen der Liefer-, Produktions- oder Logistiksysteme der Bedarf entweder nicht befriedigt werden oder es entstehen inakzeptable Logistik- oder Produktionskosten. Der SUMA ist

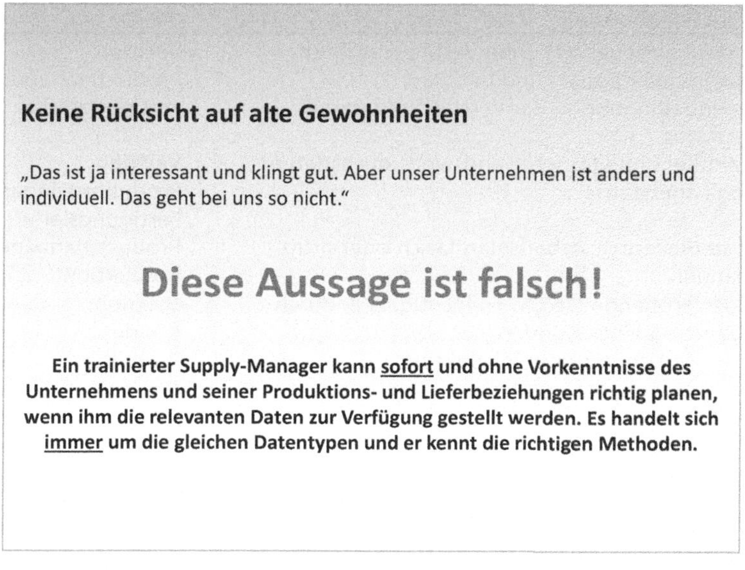

Keine Rücksicht auf alte Gewohnheiten

„Das ist ja interessant und klingt gut. Aber unser Unternehmen ist anders und individuell. Das geht bei uns so nicht."

Diese Aussage ist falsch!

Ein trainierter Supply-Manager kann <u>sofort</u> und ohne Vorkenntnisse des Unternehmens und seiner Produktions- und Lieferbeziehungen richtig planen, wenn ihm die relevanten Daten zur Verfügung gestellt werden. Es handelt sich <u>immer</u> um die gleichen Datentypen und er kennt die richtigen Methoden.

Abb. 17.2 Der SUMA arbeitet systematisch und nicht nach überlieferten, angelernten Gewohnheiten

in diesem Fall kein finaler Problemlöser, sondern braucht im Eskalationsfall die Entscheidung verantwortlicher Mitarbeiter für den individuellen Fall. Woher soll der SUMA auch die Entscheidungskompetenz haben, wenn Kunden, Lieferanten, Produktion, Logistik, Vertrieb oder Einkauf das Problem verursacht haben?

Das Ziel muss es also sein, eine Organisation zu entwickeln, die durch optimale Zusammenarbeit der Funktionsbereiche die Datenqualität und Automatisierung maximiert und die Eskalationen minimiert. Das ist ein laufender Prozess, der auch eine Weile braucht, um zu guten Ergebnissen zu kommen. Orchestriert wird diese Zusammenarbeit und Lösungsfindung durch den SUMA, der für das Ergebnis verantwortlich ist. Kommt kein für den SUMA zufriedenstellendes Ergebnis rechtzeitig zustande, muss an die Geschäftsleitung eskaliert werden. **Die Geschäftsleitung muss also auch hinreichend über die Prozesse im Bilde sein, damit Entscheidungen rechtzeitig gefällt werden** (Tab. 17.1).

Tab. 17.1 Beispiel Eskalationsfall und Entscheidungsträger

Beispiel Eskalationsfall	Entscheidung z. B. durch
Neuer Artikel/Neue SKU ohne Verbrauchsdaten Klärung initialer Bedarf und initiale Rahmenbedingungen der Beschaffung sowie Lagerstatus.	Vertrieb Produktmanager Fertigungsleiter
Toter Artikel ohne (ausreichend) Verbrauchsdaten Klärung Lagerstatus	Vertrieb Produktmanager Fertigungsieiter
Stückliste/Rezeptur, Arbeitsplan falsch oder nicht vorhanden	Produktmanagement Produktion
OoS oder drohende OoS, vielschichtig, z. B. durch • Großauftrag eines Kunden • Störung in Logistik oder Produktion • Lieferverzögerung/Ausfall eines Lieferanten, einer Lieferung	Vertrieb Kunde Produktion Einkauf Lieferant
Zu große Reichweite, zu hoher Bestand, Ursachen vielschichtig, z. B. durch • Neue Artikel, die gleich Tote Artikel werden • Kunde(n)/Verbraucher fallen aus • falsche bzw. zu optimistische Erstverbrauchsplanungen • falsche Beschaffungslosgrößen • Klärung/Änderung Lagerstatus	Vertrieb Kunde Produktion Fertigung

17.3 Empfehlungen für das Verhalten des Top-Managements

Jedem bilanzverantwortlichen Entscheider auf Top-Level (GF, Bereichsleiter etc.) muss klar sein, dass ein einzelner SUMA in Industrie und Handel operativ deutlich höhere Geldflüsse auslöst und direkt verantwortet als er selbst. Seine Aufgabe ist die Schaffung der optimalen Rahmenbedingungen für die SUMAs, indem das Referenzmodell auf sein individuelles Unternehmen abgebildet wird und damit die SUMAs die besten Voraussetzungen haben, optimal zu arbeiten. Der talentierte und trainierte SUMA ist dann weitere Voraussetzung für den Erfolg. Wie oft hat der Autor eine zufällige, nicht zielführende Personalauswahl gerade im Bereich Bedarfsplanung, Produktionsplanung und Bestandsdisposition in der Praxis erlebt.[3] Dann liegt es an der fachlichen Kompetenz und Durchsetzungsfähigkeit[4] des einzelnen SUMA. Ein SUMA zeichnet sich i. d. R. durch folgendes Verhalten aus:

- Er liebt Automatisierung und Reduktion seines manuellen Aufwands.
- Er tauscht sich gerne mit anderen SUMAs und Mitarbeitern aus anderen Bereichen aus.
- Er denkt voraus und nachhaltig. „Was kann ich jetzt tun, damit es morgen noch besser läuft und ich gleichzeitig weniger Arbeit habe?"[5]

Erfreulicherweise ist die Kontrolle und Entwicklung der SUMAs für den übergeordneten Manager bis zum GF/Vorstand recht einfach! Eine minimale theoretische Einarbeitung in Bedarfsplanung und Disposition, die z. B. durch die Lektüre dieses Buches gegeben ist, wird kombiniert mit der Diskussion von

---

[3] Der Autor hat einmal eine scherzhafte Bemerkung eines Geschäftsführers aus dem Pharmahandel aufgeschnappt, sie bringt es auf den Punkt: „Wer bei uns im Vertrieb nichts taugt, kommt in die Dispo und wer da nichts taugt, kommt ins Lager!".
[4] Erinnerung: Die optimale Disposition ist immer ein bestmöglicher Kompromiss gegenläufiger Interessen aus EK, VK, Produktion/Logistik, Lieferanten und sogar Kunden etc.!
[5] Wenn Sie als Manager Ihren SUMA mit geschlossenen Augen am Arbeitsplatz sitzen sehen: Stören Sie ihn bitte nicht! Es kann sein, dass er gerade viel Geld für Sie verdient!

1. ausgelösten aktuellen Auftragspositionen
   - „Warum hast du das bestellt?"
2. aktuellen OoS
   - „Warum können wir das nicht liefern/verkaufen?"
   - „Warum steht die Produktion?"
3. hohen Lagerreichweiten für alle Bereiche (EK-, Zwischen, VK-/Fertigprodukte)
   - „Warum haben wir das im Lager?"
   - „Warum haben wir das nicht im Lager?"

Diese drei Diskussionspunkte reichen aus, um dem übergeordneten Manager die Kompetenz seiner SUMAs aufzuzeigen. Entweder gibt es gute Gründe oder nicht. Wenn ein SUMA in der Bewertung nicht besteht, ein ungutes Gefühl bleibt etc., muss schnell gehandelt werden, denn die damit verbundenen unnötigen Kosten sind i. d. R. enorm und nicht zu tolerieren. **Ein ungeeigneter SUMA muss rechtzeitig ersetzt werden.** Eine zumindest anfängliche höhere Fluktuation innerhalb des Bereichs Supply Management ist durchaus normal, denn Talent ist nicht gleichmäßig für diese (und andere!) Aufgaben verteilt. Im Laufe der Zeit sollte sich aber ein stabiles und hochmotiviertes Team herauskristallisiert haben.

Ein kompetenter SUMA muss vom Manager ausdrücklich wertgeschätzt werden. Das drückt sich besonders in einer Belohnung durch angemessenes Gehalt mit Prämien aus. Prämien können auf die Erreichung von Optimierungszielen gesetzt werden, u. a.:

- mehr Umsatz durch weniger OoS,
- geringere Kapitalbildung durch geringere kundenanonyme Bestände,
- geringere Kosten durch Produktionsoptimierung (Kapazitätsauslastung, Rüst- und Reinigungskosten etc.),
- Geringerer Personalaufwand.

Es gilt: Weniger ist Mehr! Da ein kompetenter SUMA in Kombination mit einem geeigneten automatisierten Planungs- und Simulationssystem viele klassische Planer und Disponenten ersetzt, die vorher nur mit dem

Transaktionssystem (und/oder Tabellenkalkulationssystem) arbeiteten, ist die Auswahl entsprechend sorgfältig zu machen. Zufall muss auch hier möglichst ausgeschlossen werden.[6]

Ein talentierter, trainierter und erfahrener SUMA ist auf dem Arbeitsmarkt sehr begehrt. Immer mehr Manager erkennen die Bedeutung von Supply Management. Viele scheuen sich dann nicht, SUMAs u. a. über Head-Hunter aus bestehenden Arbeitsverhältnissen abzuwerben, da sie an modernen Planungs- und Simulationssystemen ausgebildet worden sind und auch die notwendige Projektexpertise Inhouse haben, um professionelles Supply Management operativ umzusetzen.

Zusammengefasst ist in Industrie- und Handelsunternehmen Supply Management Chefsache. Durch die richtige Organisation aller Bereiche sowie richtige Auswahl und Training der SUMAs wird der Erfolg enorm und schnell messbar sein.

17.4 Kriterien für Auswahl von Planungs- und Simulationssystemen

Die Anzahl standardisierter Lösungen für Planungs- und Dispositionssysteme ist gering im Verhältnis zu z. B. Lösungen für Transaktionssysteme. Das hat folgende, auch historische Gründe:

- Transaktionssysteme können auch irgendwie Bestellungen erzeugen. Warum soll man in ein weiteres System investieren und sich die laufenden Kosten für Wartung und Betrieb zusätzlich „ans Bein binden"?
- Anbieter von Transaktionssystemen sehen alle betriebswirtschaftlichen Lösungen, die an das Transaktionssystem gekoppelt werden, als Konkurrenzprodukte, die es zu verhindern gilt. „Alles aus einer Hand" ist die Maxime der Hersteller und meist auch der IT-Leiter der anwendenden Unternehmen.
- Die Wertschätzung der operativen „Disponenten", „Einkäufer" und Produktionsplaner ist i. d. R. deutlich unterhalb von z. B. Verkäufern, strategischen Einkäufern und IT-Mitarbeitern. Manchmal wissen sie

---

[6] „Er ist Fertigproduktplaner und Disponent geworden, weil er nicht schnell genug auf dem Baum war, als einer gesucht wurde." Auch diese Aussage ist dem Autor mehr als einmal in dieser oder ähnlicher Form begegnet.

als angelernte Planer und Disponenten auch gar nicht, was sie wirklich brauchen. Mangels Ausbildung und oft auch Talent sind sie nicht in der Lage, die richtigen Schlüsse zu ziehen und Hinweise für Optimierungen zu geben. Sie machen nur das, was sie tun sollen im Rahmen ihrer angelernten Tätigkeiten.

- Aufgrund der Komplexität der Aufgabenstellung haben nur wenige Anbieter die langjährige „Ochsentour" überstanden, von der Idee bis zur Serienreife eine funktionierende Standardlösung für Industrie und Handel anbieten zu können.

Bei der Auswahl einer Lösung werden für Transaktionssysteme sinnvollerweise umfangreiche Anforderungskataloge ausgearbeitet, die die entsprechend umfangreichen aktuellen und zukünftigen Geschäftsprozesse abbilden sollen. In diesen Katalogen wird massenhaft die einfache Frage nach Funktionalität – „Kann es das?" mit den Ankreuzmöglichkeiten „Ja" oder „Nein", ggf. erweitert um „Aufwand/Kosten, damit es das kann" gestellt und ausgewertet.

Für Planungs- und Dispositionssysteme ist das nicht sinnvoll. Für Optimierungs- und Simulationssysteme gilt: Wie effizient und effektiv sind sie? Das lässt sich messen und gut beurteilen. Es wird daher folgendes Modell für die Anbieter- und Lösungsauswahl vorgeschlagen:

1. Austausch der wichtigsten Ziele und Rahmenbedingungen

    - Was hat die Suche nach einer Lösung ausgelöst?
    - Warum jetzt?
    - Welche Mitarbeiter mit welchen Funktionen/Kompetenzen und individuellen Zielen sind an der Auswahl und späteren Lösung beteiligt?

2. Kennenlernen und kurzes Vorabgespräch mit dem Vertriebsbeauftragten des Anbieters und ggf. seines Projektleiters/Consultant[7]
    Ziele:

    - Wie hoch ist die (gefühlte) Kompetenz und passt die „Chemie"?
    - Klärung Umfang der Aufgabenstellung.

---

[7] Auch dieser Schritt wird heute meist virtuell in Form einer Videokonferenz kostengünstig durchgeführt.

Vorbereitung einer Live-Präsentation mit echten Anwenderdaten.
Klärung einer Vorprojekt-Datenschnittstelle.
3. Live-Präsentation mit echten Anwenderdaten vor Ort beim Anwender.
- Dialog mit Entscheidungsteam des Anwenders.
- Nachweis des Optimierungspotenzials in €.
- Darstellung Stabilität und Rechenperformance.
- Einführung in die Visualisierung der Lösung – gelingt die Identifikation?
- Welchen betriebswirtschaftlichen Nutzen in € bzw. $ pro Jahr bringt die Lösung?
  - Wieviel Umsatzsteigerung durch weniger OoS?
  - Wieviel Kostensenkung durch Bestandsoptimierung?
  - Wieviel Kostensenkung durch Automatisierung?
- Präsentation des Angebots.
Abschätzung der Installations-/Betriebs- und Trainingskosten in €.
Wie sieht der Projektplan aus?
4. Entscheidung anhand der Kosten und messbaren Optimierungseffekten.

Neben dem weichen Kriterium „Stimmt die Chemie" können im Gegensatz zu Transaktionssystemen knallharte Kosten und Optimierungseffekte abgeschätzt und gegenübergestellt werden.

Hier darf der Anwender ggf. anfallende Kosten für ein Vorprojekt auch mit mehreren Anbietern nicht scheuen. Ziel ist es, die Lösung mit nachweislich größtem finanziellen Potenzial auszuwählen.

Für große Systeme mit Hunderttausenden oder Millionen an SKUs können Performance und Lasttests durchgeführt werden. Die Berechnungen müssen rechtzeitig fertig sein und das System muss stabil laufen.

Weiterhin kann durch das Vorprojekt Professionalität, Erfahrung, Kompetenz und Schnelligkeit der einzelnen Anbieter gut erkannt werden.

Ihr Transfer in die Praxis
- Identifizieren Sie die Interessen und Entscheidungsträger der beteiligten Abteilungen.
- Definieren Sie die Rolle des Supply Managers und seine Stellung in der Hierarchie.
- Erarbeiten Sie eine Empfehlung für die Koordination der Abteilungs-Interessen hin zum Unternehmensziel.

Glossar

ABC-Analyse In der Bestandsführung angewandte Kategorisierung des Bestandes nach bestimmten Kriterien. Häufig wird hier der Wert herangezogen, was aber für eine Kritikalitätsbetrachtung oft nicht hinreichend ist.

Aktion, auch „Verkaufsaktion" Zeitspanne, in der eine Anzahl SKUs durch besondere Maßnahmen andere, meist höhere Verkaufsmengen haben. Maßnahmen können z. B. Preisreduktionen und/oder Werbemaßnahmen sein.

Annahmemethode Die Annahmemethode besagt, dass mit hinreichender Sicherheit der im System geführte Bestand den tatsächlichen Gegebenheiten entspricht. Insofern wird der systemseitig geführte Bestand zur Bewertung des Umlaufvermögens zum Jahresabschluss herangezogen.

Arbeitsgemeinschaft für wirtschaftliche Verwaltung (AWV) Gemeinnütziger Verein, gefördert vom Bundesministerium für Wirtschaft und Technologie. Hauptaufgabe ist die Umsetzung von Rationalisierungsansätzen bei der Büroorganisation sowie die Nutzung moderner Techniken in der Verwaltung mit dem Ziel des Bürokratieabbaus. Die AWV ist gewissermaßen Schnittstelle zwischen Staat und Wirtschaft. Die AWV hat seit 1980 eine Reihe von Schriften (Stellungnahmen) zu den Verfahren der Stichprobeninventur herausgegeben, die die Ausführungen des IDW ergänzen.

Artikel Instanz für ein Material oder eine Ware, die unternehmensweit gleiche Stammdaten hat. Jeder aktive Artikel hat mindestens einen Lieferanten.

Aussageäquivalenz Die Forderung nach § 241 Abs. 1 Satz 3 des HGB nach gleicher Aussagequalität des Ergebnisses einer Stichprobeninventur im Vergleich zu einer Vollinventur.

Aussagewahrscheinlichkeit Ein statistischer Wert, der die Zuverlässigkeit einer Aussage bestimmt. Er ist bei der Anwendung der Stichprobeninventur in Deutschland, Österreich und der Schweiz auf 95 % festgelegt und im Stichprobeninventurprogramm formelseitig berücksichtigt. Im Zusammenwirken mit dem Vertrauensbereich lässt sich daraus der Relative Stichprobenfehler ableiten. Der Vertrauensbereich gibt an, um wie viel der tatsächliche Wert vom auf Basis der Stichproben errechneten Wert abweicht – mit der entsprechenden Aussagewahrscheinlichkeit. Ist beispielsweise der errechnete Wert (Schätzwert) bei 100.000 EUR und der Vertrauensbereich bei 1000 EUR, entspricht das einem Stichprobenfehler von 1 %. Ist die Aussagewahrscheinlichkeit auf 95 % festgelegt worden, heißt das: Mit 95 %iger Wahrscheinlichkeit weicht der tatsächliche Wert nicht mehr als 1000 vom Schätzwert 100.000 EUR ab.

ATP-Check „Available To Promise"-Check. Prüflauf möglichst vor dem Buchen einer Reservierung, ob der Auftrag zum Auftragsdatum geliefert werden kann.

Auftragsorientierte Planung und Disposition Dispositionsverfahren, in dem nur die deterministischen Verbraucher-Aufträge abgearbeitet werden. Es gibt keine kunden- bzw. verbraucheranonymen Bestände und keinen SiBest. Verbraucher müssen ggf. lange auf die Lieferung warten, insbesondere wenn auch noch Produktionen mit auftragsorientierten Vormaterialien/Rohstoffen durchgeführt werden müssen.

Auftragsvorbereitungszeit (AVZ) Zeitspanne von Bestellauslösung bis zur Platzierung beim Lieferanten

Basiseinheit (I. d. R. kleinste) logistische Einheit einer SKU, auf die sich alle Transaktionsdaten beziehen. Zum Beispiel, „Stück", „Liter", „Gramm" o. ä.

Basisverbrauch Historischer Verbrauch in Form einer Zeitreihe, der nur stochastische Verbrauchsdaten enthält. Die vom Transaktionssystem übermittelten Verbrauchsdaten sind i. d. R. nicht von deterministischen Daten bereinigt, dass der Basisverbrauch verzerrt ist und entsprechend gefiltert werden muss.

BeBest Bestell- oder Auftragsbestand

Bedarfsprognose Stochastisches Ergebnis der Prognoserechnung, die aus der historischen Bedarfszeitreihe einer SKU die Bedarfsprognose in Form einer Zeitreihe (Datum, Bedarf) errechnet.

Bestandsfortschreibung Die kontinuierliche Fortschreibung aller Zu- und Abgänge. Eine zuverlässige Bestandsfortschreibung ist Voraussetzung für den Einsatz der Stichprobeninventur. Dies kann in der Regel nur durch den Einsatz von entsprechenden IT-Systemen erreicht werden, kombiniert mit verlässlichen Prozessen in der Warenwirtschaft. Seit der Aufnahme der Stichprobeninventur im HGB in 1977 hat sich die Qualität der Bestandsfortschreibung erheblich weiterentwickelt, sodass im Vergleich zu den 1970er- und 1980er-Jahren weit mehr Unternehmen die Stichprobeninventur einsetzen können.

Bestandskontrolle Im Unterschied zur Inventur dient die unterjährige Bestandskontrolle der kontinuierlichen Überwachung der Bestandssicherheit. Während die Inventur wertorientiert ist und der Feststellung des vorhandenen Umlaufvermögens zu Jahresabschluss dient, sind Bestandskontrollen risikoorientiert und dienen der Absicherung der Geschäftsprozesse. Hier spielt auch eher die Kritikalität einzelner Bestände eine Rolle. Insofern wäre eine Kategorisierung des Bestandes in Risiko-Cluster hilfreich, um die Intensität der Kontrollen auf Risiko-Bestände zu konzentrieren. Ein weiterer Unterschied zur Inventur ist die freie Gestaltungsmöglichkeit der Bestandskontrollen, da es hierfür keine besonderen Vorschriften hinsichtlich der Durchführung gibt.

Bestandssicherheit Die Verlässlichkeit, dass der systemseitig geführte Bestand mit dem tatsächlichen übereinstimmt. Mit der Stichprobeninventur wird die Bestandssicherheit gemessen und nachgewiesen, um zum Jahresabschluss den Bestand zur Bewertung aus dem bestandsführenden System zu entnehmen. Aber auch für Bestandskontrollen kann die Bestandssicherheit mit Stichprobenverfahren effizient überprüft werden.

Bestelleinheit n Vielfaches der Basiseinheit, in der Bestellmengen gequantelt werden müssen. Es kann mehrere Bestelleinheiten zu einer SKU geben, die untereinander mit Faktoren in Beziehung stehen. Beispiel:
- Basiseinheit = „Stück"
- Bestelleinheit 1 = Karton, Faktor Basiseinheit = 50
- Bestelleinheit 2 = Palette, Faktor Bestelleinheit 1 = 200 oder Faktor Basiseinheit = 10.000

Betrachtungshorizont Länge der historischen Bedarfszeitreihe, die für die Berechnung der Bedarfsprognose verwendet wird. Sie wird in Perioden angegeben (Tage, Wochen, Monate) und kann bis zu 3 historische Bedarfszeitreihen, verdichtet auf die jeweiligen Perioden mit der entsprechenden Länge bilden.

Oder auch: Verwendete Perioden der historischen Bedarfszeitreihe. Beispielsweise hat eine SKU historisch 5 Jahre Bedarfe (gespeichert). Es macht keinen Sinn, auf Periode Tag eine Zeitreihe mit 5 × 365 Stützstellen zu bilden. Durch einen Parameter für den Betrachtungshorizont kann z. B. festgelegt werden, dass nur rollierend die letzten 90 Tage für die Tagesprognose verwendet werden sollen. Entsprechendes gilt für die Perioden Woche und Monat.

BK Beschaffungskosten/Bestellkosten, darin sind auch die Produktionskosten enthalten
BM Bestell- oder Auftragsmenge
BZP Bestellzeitpunkt
Chaotische Einlagerung In den Zeiten, in denen die Lagerverwaltung noch größtenteils ohne EDV erledigt worden war, gab es meistens feste Lagerplätze, an denen das Material lagerte. Mit der Umstellung auf IT-basierter Lagerverwaltung setzte sich flächendeckend die chaotische Einlagerung durch. Dabei bestimmt das eingesetzte System, wo welcher Artikel in welcher Menge einzulagern ist. In der Folge liegt ein Artikel häufig auf mehreren Lagerplätzen, und nur aus dem System kann der Lagerplatz ausgelesen werden. Wird also Material nicht korrekt eingelagert, oder Entnahmen nicht korrekt verbucht, leidet die Bestandssicherheit.
Cloud Die Wolke. Cloud bezeichnet in der IT eine dezentrale Haltung von Daten und Softwareprogrammen. In der Vergangenheit gab es aus Unternehmenssicht zumindest in Deutschland eine erhebliche Skepsis gegenüber dieser Option. Es galt und gilt häufig der Grundsatz: Die Daten verlassen das Haus nicht. Und tatsächlich begibt man sich in eine gewisse Abhängigkeit. Sind die Daten sicher? Wer kommt an sie heran? Wie ist die Funktionsfähigkeit sichergestellt – Backupsysteme, Stromversorgung, Leitungsgeschwindigkeit … Und nicht zuletzt: Wie ist das eigene Unternehmen an das Internet angebunden, reicht die vorhandene Leitungsperformance für die ausgelagerten Prozesse aus? Trotzdem schwindet die Skepsis zunehmend. Die Vorteile können darin liegen, dass man weniger Hardware vorzuhalten hat, damit verringern sich dann auch die Kosten für das interne Personal (Systemadministratoren). Softwareanbieter, die ihre Systeme in der Cloud anbieten, sorgen meist automatisch für Updates, sodass man immer mit der aktuellen Version arbeitet. Auch das verringert den internen Personalbedarf. Bei der Knappheit an qualifiziertem IT-Personal ein wichtiger Faktor, gehen doch demnächst die geburtenstarken Jahrgänge zunehmend in Rente.
Cycle Counting Ein Verfahren, das hauptsächlich in den Vereinigten Staaten angewendet wird. Dabei wird der Bestand in unterschiedliche Kategorien eingeteilt (ABC-Analyse) und die Cluster in unterschiedlichen Intervallen mehrfach komplett gezählt. Das Ziel ist dabei, die Bestandssicherheit unterjährig zu erhöhen. Es liegt auf der Hand, dass der Aufwand für dieses Verfahren sehr hoch ist. Dem wird in der Regel damit begegnet, dass auf den Zähllisten die Sollmengen mit angegeben sind – was nach deutschen und anderen Inventurvorschriften nicht zulässig ist. Insofern wird in Deutschland

Cycle Counting nach amerikanischer Art von Wirtschaftsprüfern in der Regel nicht als Inventurform akzeptiert.

Deterministische Daten Alle Stamm- und Bewegungsdaten, die für die Simulation und Berechnung optimierter Auftragsdaten benötigt werden.

Differenzenschätzung Ein zulässiges Verfahren im Rahmen der Hochrechnungs-Stichprobeninventur: Ermittlung der Durchschnitts-Differenzen (unverzerrte Schätzung). Es zählt zu den sogenannten gebundenen Verfahren und liefert exaktere Ergebnisse als die Mittelwertschätzung.

DPU Demand Planning Unit

Einlagerungsinventur Die Bestände werden bei der Einlagerung erfasst, bei Entnahmen sind die verbliebenen Einheiten ebenfalls zu erfassen. Dieses Verfahren setzt vollautomatische, IT-gesteuerte Lagersysteme voraus. Für nicht bewegte Lagerbestände, die nicht bei einer Einlagerung erfasst worden sind, ist ein eigenständiges Inventurverfahren anzuwenden.

ELZ Einlagerungszeit, Zeitspanne ab Anlieferung bis Verfügbarkeit im Lager oder Produktionssystem, neben Lagerungsprozessen muss ggf. auch eine Zeitspanne für Qualitätsprüfung berücksichtigt werden.

Enterprise Resource Planning (ERP) ERP-Systeme bilden in der Regel alle Unternehmensprozesse ab. Allerdings nicht unbedingt die Warenwirtschaft oder die Lagerverwaltung. Insofern existieren häufig zusätzliche Systeme für diese Aufgaben. In der Praxis wird oft die Gesamtmenge einzelner Materialien sowie deren Preis im ERP-System gehalten, die einzelnen Lagerplätze aber in anderen Systemen, die ihrerseits nicht die Preise kennen. In solchen Fällen müssen diese Informationen für die Stichprobeninventur zusammengeführt werden.

Ereignis Zeitraum (Datum von … bis) mit besonderen Zusatz- oder Minderbedarfen, die zum „Normalbedarf" addiert werden. Beispiele für Ereignisse:
- Verkaufsaktion, i. d. R. zusätzlicher Bedarf
- Störung (des Marktes), i. d. R. Minderbedarf
- Ausreißer (nach „oben" oder „unten"), mit oder ohne Ausreißermarkierung.

Ein Ausreißer lässt sich einer Periode zuordnen. Aus Störungen, Aktionen und Ausreißermarkierungen können additiv wirkende Verbrauchszeitreihen errechnet werden, die zu stochastischen Daten führen. Eine Mischform liegt vor, wenn teilweise deterministische Daten (Vorgabe Zeitraum, Periodenmarkierung) vorliegen und dazu die stochastischen Mehr- oder Minderbedarfe errechnet werden.

Fehlkosten (FK) Entgangene Wertschöpfung im Falle von OoS

Gebundene Verfahren Die gebundenen Schätzverfahren Differenzen-, Verhältnis- und Regressionsschätzung zählen neben der Mittelwertschätzung zu den laut IDW anerkannten vier Hochrechenverfahren für die Stichprobeninventur. Der Unterschied zur Mittelwertschätzung besteht in der tendenziell höheren Genauigkeit, was zu einem geringeren erforderlichen Stichprobenumfang führt. Aber auch unter den gebundenen Verfahren gibt es Unterschiede in der Genauigkeit. So weist häufig die Regressionsschätzung höhere Genauigkeitswerte aus als die beiden übrigen gebundenen Verfahren.

Geschätzter Lagerwert Der auf Basis der Stichproben in einem Hochrechenverfahren errechnete Wert einer Grundgesamtheit. Dieser Wert wird mit dem laut bestandsführenden System vorhandenen Lagerwert verglichen und darf nicht mehr als 2 % davon abweichen, um die Hochrechnungs-Stichprobeninventur erfolgreich abzuschließen. Wird das Ergebnis der Zählung von allen vier zulässigen Hochrechnungsverfahren (Mittelwert-, Differenzen-, Verhältnis- und Regressionsschätzung) ausgewiesen, wird jedes Verfahren ein anderes Ergebnis zeigen. Dies liegt an den unterschiedlichen Berechnungsarten.

Grundgesamtheit Bei der Stichprobeninventur der mit einem bestimmten Verfahren (Hochrechnung oder Sequenzialtest) zu betrachtende Lagerbereich. Ein Die Inventur in einem Lager kann mit unterschiedlichen Verfahren durchgeführt werden.

Grundsätze ordnungsmäßiger Buchführung (GoB) Regeln, die insbesondere der externen Rechnungslegung zugrunde liegen. Sie enthalten Sorgfaltspflichten sowie Formvorschriften.

Handelsgesetzbuch (HGB) Regelt das Handelsrecht in Deutschland und enthält Vorschriften zur allgemeinen Inventurpflicht (§ 240) sowie Ausnahmeregelungen (§ 241).

Historische Bedarfszeitreihe Echte, „deterministische" Zeitreihe <Datum, historischer realer Bedarf>, die die Stützstellen für die Entwicklung der Bedarfsprognose in gleicher Form bilden. Die Daten liegen in Auftragsform (z. B. Kundenauftrag mit Menge und Liefertermin bei Fertigprodukten) oder sind auf Periode Tag, Woche oder Monat kumuliert. Je feiner die Granularität der Zeitreihe ist, desto genauer kann prognostiziert werden.

Hochrechenverfahren Zulässiges anerkanntes mathematisch-statistisches Verfahren im Sinne des § 241 Abs. 1 HGB laut Definition der Stellungnahme des Hauptfachausschusses des IDW. Die explizit genannten Hochrechenverfahren sind die Mittelwert-, Differenzen-, Verhältnis- und Regressionsschätzung.

Indifferenzbereich Beim Sequenzialtest der Ergebnis-Bereich, bei dem weder die Annahme (Test bestanden) noch die Ablehnung (Test nicht bestanden) betätigt werden kann. Liegt das Ergebnis des Tests im Indifferenzbereich, müssen weitere Stichproben gezogen werden. Insbesondere die AWV hat zum Sequenzialtest in der Inventur verschiedene Schriften herausgegeben.

Institut der Wirtschaftsprüfer (IDW) Im IDW ist die Majorität der Wirtschaftsprüfer vertreten, er vertritt die Interessen dieses Berufsstandes. Das IDW publiziert sogenannte „IDW Verlautbarungen", die Prüfungsstandards und Stellungnahmen zu Sachverhalten umfassen. Vom Hauptfachausschuss des IDW stammt die maßgebliche Stellungnahme zur Stichprobeninventur die 1981 auf Englisch und Deutsch herausgegeben worden ist. Inklusive einer Ergänzung von 1990 sind die darin aufgeführten Regeln bis heute gültig und Stichprobeninventursysteme werden nach diesen Regeln testiert.

Intralogistik Bezeichnet die logistischen Material- und Warenflüsse innerhalb des Betriebsgeländes. Zu den klassischen Systemen zur Verwaltung der Intralogistik zählen Warenwirtschafts- und Lagerverwaltungssysteme. Effiziente Einlagerungsstrategien sowie Bestandskontrollen zur Absicherung der Prozesssicherheit zählen zu den typischen Aufgaben der Intralogistik. Grundsätzlich ist eine enge Verzahnung zu Einkauf, Disposition und Produktion zu verzeichnen. Inventuren fallen ebenfalls in diesen Bereich, wobei hier auch meistens Finanzabteilung und Controlling involviert sind.

Inventurdifferenz Der Begriff Inventurdifferenzen wird im Einzelhandel häufig für Schwund durch Diebstahl verwendet, bezeichnet aber im Eigentlichen die Differenz zwischen dem, was bei der Inventur da sein sollte (Soll), und dem was gezählt beziehungsweise als gezählt zurückgemeldet wurde (Ist). Das Problem ist häufig die Inventurzählung selbst: Durch Fehler entstehen Differenzen, die eigentlich keine sind.

Inventurfehler Die große Gefahr bei Inventuren: Es werden bei der Aufnahme und/oder Rückmeldung Fehler gemacht, die in die bestandsführenden Systeme eingebucht werden. In der Folge stimmen die Bestände nicht mehr, und Planungen in Disposition und Einkauf können auf falschen Annahmen beruhen. Insbesondere bei geringwertigen Zählpositionen werden im Rahmen einer Vollzählung kaum Korrekturzählungen durchgeführt, weil es bei der Inventur um die Wertigkeit des Bestandes geht. Für die Planungs- und Prozesssicherheit können hingegen auch geringwertige Materialien kritisch sein, etwa wenn aufgrund falsch aufgenommener Gebindegrößen Bestellzeitpunkte verpasst werden. Das alte, „magische" Denken, dass mit der Inventur das Lager aufgeräumt wird, ist spätestens seit der Chaotischen Einlagerung obsolet. In heutiger Zeit ist es besser, sich bei der Inventur auf die wertigen Materialien zu konzentrieren – was dem Anspruch der Wirtschaftsprüfer nach der Wesentlichkeit entspricht – als viel Energie und Zählaufwand auf den geringwertigen Bestand zu verwenden. Um Bestandsgenauigkeit in Hinblick auf Kritikalität zu überwachen, eigenen sich viel eher unterjährige Bestandskontrollen.

Inventuroptimierung Bedeutet im Eigentlichen, die externen Anforderungen an eine korrekte Inventur im Sinne der Wertermittlung des Umlaufvermögens mit möglichst geringem Aufwand und geringem Fehlerpotenzial zu erfüllen. Hierzu hat das HGB im § 241 die entsprechenden Möglichkeiten geschaffen, unter anderem mit der Stichprobeninventur.

IT Kurz für Informationstechnologie. Ein Sammelbegriff für Hard- und Software. Er umfasst aber auch die organisatorische Einbindung in Geschäftsprozesse. In der aktuellen IT verschieben sich derzeit die Gewichte von der zentralen zu dezentralen Datenverwaltung. Datenhaltung und Softwareprogramme werden häufiger nicht mehr im Unternehmen selbst vorgehalten, sondern bei externen Dienstleistern in der sogenannten Cloud – also einem Rechenzentrum, das sich nicht im Unternehmen sondern bei einem spezialisierten Anbieter befindet. Dieser übernimmt auch die Wartung der Hardware und die Sicherungsroutinen.

Kritikalität Im Bestand sind nicht alle Materialien gleich werthaltig, aber auch nicht gleich kritisch für die Geschäftsprozesse. Kritikalität korreliert nicht grundsätzlich mit dem Wert. Sie setzt sich vielmehr betriebsindividuell aus verschiedenen Faktoren zusammen. Die Kritikalität von Beständen zu erfassen und zu bündeln kann eine gute Grundlage für effiziente unterjährige Bestandskontrollen darstellen. So kann sich die Kontrollaktivität gezielt auf die Sicherstellung von Beschaffungs- und Produktionsprozesse konzentrieren.

Kondition Lieferantenbezogene Rahmenbedingung einer SKU für die Disposition. (Im Prinzip ähnlich einem Parameter, aber immer mit einem Lieferanten kombiniert. Es kann also mehrere unterschiedliche Konditionen einer SKU durch mehrere Lieferanten geben, was die Bestellentscheidung enorm verkompliziert.)

Lagerkoordinate Der identifizierbare Lagerplatz für die Teilmenge eines Artikels.

Lagerposition Die Teilmenge eines Artikels auf einer bestimmten Lagerkoordinate. Bei der Stichprobeninventur in der Regel das Element einer Grundgesamtheit und somit auch gegebenenfalls eine Stichprobe.

Lagerstatus

- „lagerführend" – kundenanonyme, bedarfsgesteuerte Bestände, i. d. R. mit Sicherheitsbestand
- „auftragsorientiert" – (kunden-)auftragsbezogene Lagerhaltung, i. d. R. kein Sicherheitsbestand und nach Ausführung der (Kunden-)Aufträge kein Lagerbestand.

Lagerverwaltungssystem (LVS) IT-System zur Verwaltung der Bestände in einem Lager oder Lagerbereich. Das LVS vergibt Lagerplätze und weiß, was in welcher Menge wo liegt – kennt aber üblicherweise nicht die Einzelpreise. Für eine Stichprobeninventur müssen oft die Informationen aus dem LVS mit denen aus dem ERP-System (Einzelpreise) zusammengeführt werden.

LFZ Lieferzeit in Werktagen, die der Lieferant benötigt um Material oder Ware zu liefern (WE)

Lizenzgebühr Nutzungsgebühr für ein Softwaresystem wie etwa ein Stichprobeninventursystem. Fällt in der Regel einmalig an, kann aber auch durch andere Varianten abgedeckt werden.

LHK Lagerhaltungskosten

Lieferant externer oder interner Lieferant, der zu fixierten (Liefer-)Konditionen Material oder Ware produziert und/oder liefert

Lorenzkurve Grafische Darstellung der Wertverteilung des Lagerbestandes. Zeigt mehr oder weniger ausgeprägt, dass relativ wenige Positionen im Lager einen großen Wert abbilden, die Majorität der Positionen hingegen geringwertig ist. Die Wertverteilung spielt eine erhebliche Rolle bei der Berechnung des optimalen Werteschichtenmodells bei den Hochrechenverfahren.

Material- oder Warengruppe Gruppe von Artikeln. Auf Gruppeneben können Rahmenbedingungen hinterlegt werden, damit nicht jeder enthaltene Artikel oder jede enthaltene SKU individuelle Stammdaten haben muss

MaxBest Maximalbestand, der nicht überschritten werden soll. Oft statische Vorgabe in Transaktionssystemen.

MeBest Meldebestand, zu dem bei Erreichen oder Unterschreitung eine Bestellung ausgelöst werden muss. Oft statische Vorgabe in Transaktionssystemen.

MinBest Mindestbestand, der nicht unterschritten werden soll oder darf. Oft statische Vorgabe in Transaktionssystemen.

Mittelwertschätzung Laut Stellungnahme des Hauptfachausschusses des IDW eines der vier zulässigen Hochrechenverfahren im Sinne des § 241 Abs. 1 HGB. In der Genauigkeit der Berechnung ist die Mittelwertschätzung den gebundenen Verfahren Differenzen-, Verhältnis- und Regressionsschätzung allerdings meist unterlegen.

Mobile Datenerfassung (MDE) Speziell auf die Belange des industriellen Einsatzes ausgelegte Geräte, die in der Intralogistik zu verschiedenen Zwecken bei der Verwaltung von Materialien eingesetzt werden. Hier werden oft Barcodes oder auch RFID-Techniken eingesetzt. Bei der Inventuraufnahme können diese Geräte eine wertvolle Unterstützung sein.

Null-Durchgangs-Kontrolle Ein Verfahren, dass zur Bestandskontrolle dient. Bei jeder Entnahme, nach der die Restmenge auf dem Lagerplatz 0 sein soll, wird dies bestätigt oder im System korrigiert. Damit entsteht eine Art Selbstheilung des Lagers, weil Fehler im Bestand im laufenden Betrieb erkannt und korrigiert werden. Es handelt sich jedoch nicht um eine anerkannte Inventurform.

Out-of-Stock-Situation (OoS) SKU hat Nullbestand erreicht oder unterschritten.

Parameter Lieferantenunabhängige Rahmenbedingung einer SKU für die Bedarfsplanung oder Disposition. Zum Beispiel, Planungshorizont (für Bedarfsplanung) oder Servicegrad (für Disposition).

Periode Zeiteinheit der Bedarfsplanung. In der operativen Bedarfsplanung sind Tag, Woche oder Monat, ggf. in Kombination (s. a. „Verschränkung"), relevant.

Permanente Stichprobeninventur Die Stichprobeninventur kann auch in Form einer permanenten Aufnahme durchgeführt werden. Das heißt, der durch eine Schichtenbildung ermittelte Zählumfang muss im Laufe des Geschäftsjahres abgearbeitet werden. Dabei ist zu beachten, dass die Anzahl der Zählpositionen pro Schicht eingehalten werden. Werden also die Zählpositionen zu Beginn der Inventur festgelegt, kann es infolge der Bestandsaktualisierungen in den Folgeläufen zu Schichtwechslern kommen. Deshalb eignet sich insbesondere für chaotisch geführte Läger nur die dynamische permanente Stichprobeninventur, bei der dieser Effekt nicht auftritt.

Permanente Vollaufnahme Ein Verfahren, bei dem die Vermögensgegenstände nicht zum Stichtag, sondern über das Jahr hinweg einmalig aufgenommen werden. Im Eigentlichen heißt das, wenn ein Artikel gezählt werden soll, müsste er komplett auf allen ihm zugewiesenen Lagerplätzen gezählt werden. In Einzelfällen wird es von Wirtschaftsprüfern auch akzeptiert, wenn jeder Lagerplatz einmal im Jahr aufgenommen wird. Es ist jedoch immer dann ein fehlerträchtiges Verfahren, wenn die Aufnahme im laufenden Betrieb durchgeführt wird. Durch laufende Zu- und Abgänge könnte dann kaum eine Korrekturzählung erfolgen, sodass eigentlich der aufzunehmende Bereich während der Zählung gesperrt werden müsste. Das bedeutet auch ein erheblich größerer Vor- und Nachbereitungsaufwand im Vergleich zur Stichtagsinventur.

Prognosehorizont Länge der zukünftigen Bedarfszeitreihe ab „heute", die für die Berechnung der Bedarfsprognose verwendet wird. Sie wird in Perioden angegeben (Tage, Wochen, Monate). Eine SKU kann typischerweise bis zu 3 zukünftige Bedarfszeitreihen bilden, verdichtet auf die jeweiligen Perioden mit der entsprechenden Planungshorizont.

Regressionsschätzung Ermittlung eines Regressionskoeffizenten (ausgleichende Schätzung). Die Regressionsschätzung zählt zu den laut IDW anerkannten Methoden für die Hochrechnungs-Stichprobeninventur. Sie gehört zu den sogenannten gebundenen Verfahren und komplexer als die übrigen zugelassenen Hochrechenverfahren. Dafür liefert sie in der Regel eine höhere Genauigkeit, was sich im Vergleich des relativen Stichprobenfehlers bei gleichem Zählergebnis mit den übrigen drei zulässigen Hochrechenverfahren zeigt. Das führt in der Praxis dazu, dass mit der Regressionsschätzung die zum Abschluss der Inventur erforderlichen Messwerte am ehesten eingehalten werden.

Rahmenbedingung Parameter oder Kondition, die die Planungsrechnung oder Dispositionsrechnung beeinflusst.

Relativer Stichprobenfehler Ein Messwert für die Genauigkeit des Schätzwertes bei der Hochrechnungs-Stichprobeninventur. Für den auf Basis der Stichproben errechneten geschätzten Lagerwert gibt es je nach Verfahren eine als Vertrauensbereich bezeichnete Unsicherheit. Diese wird bei der Hochrechnungs-Stichprobeninventur als Wert ausgewiesen und darf nicht mehr als 1 % vom Schätzwert betragen. Dabei wird eine Aussagewahrscheinlichkeit von 95 % gefordert. Liegt beispielsweise der Schätzwert bei 100.000 EUR und der Vertrauensbereich bei 1000 EUR, ist diese Bedingung eingehalten. Das Ergebnis ließe sich so interpretieren: mit 95 %iger Wahrscheinlichkeit weicht der tatsächliche Wert nicht mehr als 1000 EUR vom Schätzwert 100.000 EUR ab. Der auf diese Weise verifizierte Schätzwert darf nicht mehr als 2 % vom Sollwert laut Bestandsführung abweichen. Sind diese beiden Bedingungen erfüllt, ist die Inventur erfolgreich abgeschlossen.

Restmengenkontrolle Eine Methode, unterjährig den Bestand zu prüfen und zu korrigieren. Gerade bei chaotisch geführten Lägern ist diese Art der Bestandskontrolle üblich. Sie gewährleistet, dass das bestandsführende System mit den korrekten Plandaten arbeitet und damit auch der Disposition und dem Einkauf korrekte Planzahlen vorliegen. Das ist insbesondere auch für Systeme der Bestandsoptimierung sehr wichtig, ansonsten gilt der alte IT-Grundsatz: Bullshit IN-Bullshit OUT. Will heißen: Falsche Plandaten ergeben zwangsweise falsche Ergebnisse. Wünschenswert ist in Ergänzung, dass die

Wirksamkeit dieser Verfahren durch angemessene statistische Methoden regelmäßig gemessen wird. Ist all dies gewährleistet, sollte zur Inventur nur minimaler Aufwand durch Stichprobenverfahren betrieben werden.

RFID Radio Frequenzy Identifikation. Die nächste „Brennstufe" nach der Barcode-Welle, um Artikel, Lagerplätze oder Sachverhalte elektronisch zu erfassen. Kleine elektronische Etiketten (Tags) werden an Artikeln angebracht, um ihr Vorhandensein und die Position zu erfassen. Das kann sowohl im Lager als auch im Verkaufsraum angewendet werden. Voraussetzung ist allerdings eine gewisse technische Ausrüstung, um RFID flächendeckend zu nutzen. Eine sehr gute Methode, um Bestände zu überwachen, die auch eine hohe Bestandssicherheit ermöglicht. Allerdings kein Ersatz für die Inventur zum Jahresabschluss. Eine diesbezügliche Stellungnahme einer führenden Wirtschaftsprüfungsgesellschaft sagt dazu, dass die Sicherheit des per RFID geführten Bestandes trotzdem mit einem zulässigen Inventurverfahren zu evaluieren ist. Hier bieten sich naturgemäß entsprechende Stichprobenverfahren wie etwa der Sequenzialtest an.

Risikomanagement Ein zunehmend in den Fokus rückender Bereich, der auch in der Materialwirtschaft erhebliche Bedeutung erlangt. Hier wird im Rahmen des Bestandscontrollings darauf geachtet, dass die systemseitig geführten Bestände mit den vorhandenen Beständen übereinstimmen, um darauf basierende Steuerungen verlässlich durchführen zu können. Eine einmal im Jahr durchgeführte Inventur ist dazu nicht hinreichend geeignet, dafür sind in der Regel zu viele Lagerbewegungen zu verwalten. Zudem ist die Aufgabe der Inventur lediglich die Erfassung des Lagerwertes zum Jahresabschluss, nicht aber die Sicherstellung der korrekten Bestandsführung. Diese muss unterjährig erfolgen und ist nicht notwendigerweise wertorientiert, sondern eher risikoorientiert. Wenn beispielsweise Bestellzeitpunkte für geringwertige Artikel verpasst werden, die zur Herstellung unverzichtbar sind, aber eine längere Lieferzeit haben und nur bei einem bestimmten Anbieter zu bekommen sind, kann ein C-Artikel am Ende sehr teuer werden. Daher ist es angeraten, den Bestand nach Risikokriterien zu bewerten und entsprechend unterschiedlich intensiv zu überwachen.

Scheinkorrelation Begriff aus der Statistik: Ein scheinbarer Zusammenhang von Variablen, der aber nicht der Realität entspricht. Etwa die Schuhgröße und das Einkommen – natürlich bestimmt die Schuhgröße nicht das Einkommen, sondern (noch immer) das Geschlecht. Männer haben in der Regel größere Füße und verdienen eben auch häufig mehr Geld als Frauen.

Schichtenbildung Bei der Hochrechnungs-Stichprobeninventur wird üblicherweise der bestand in Werteschichten aufgeteilt, um den Zählaufwand zum Erreichen der geforderten 95 %igen Aussagewahrscheinlichkeit zu minimieren. Wie viele Schichten mit welchen Wertgrenzen zu bilden sind und die Anzahl der nötigen Stichproben aus den jeweiligen Schichten wird üblicherweise über eine Funktion des Stichprobeninventursystems algorithmisch errechnet. Das optimale Schichtenmodell ergibt den geringsten Zählaufwand, mit dem die geforderten Inventurbedingungen erfüllt werden können. Das Schichtenmodell ist immer an ein bestimmtes Hochrechenverfahren angelehnt.

Sequenzialtest Der Sequenzialtest ist ein sehr strenges Verfahren der Stichprobeninventur, das in Lägern oder Lagerbereichen mit sehr hoher Bestandsgenauigkeit angewendet wird. Hierzu zählen insbesondere Hochregalläger und Bereiche, in denen unangebrochene Verpackungseinheiten gelagert werden. Auch für unbewegte Lagereinheiten eignet sich der Sequenzialtest sehr gut. Der Sequenzialtest ist ein Hypothesentest: Die Annahmehypothese besagt, dass der Lagerbestand dem Buchbestand entspricht, die Ablehnungshypothese besagt das Gegenteil. Dazwischen liegt der sogenannte Indifferenzbereich. Der Mindeststichprobenumfang umfasst 30 Stichproben, werden bei der Zählung keine Soll-Ist Differenzen (Mengenabweichungen) festgestellt, ist damit die Annahmehypothese bestätigt und die Inventur abgeschlossen. Liegen Soll-Ist-Differenzen (Fehler) vor, so werden weitere Stichproben gezogen, wenn das Ergebnis im Indifferenzbereich liegt. Bei einer zu großen Fehleranzahl (bei der Erstziehung 8 Fehler) ist die Ablehnungshypothese bestätigt und es muss ein anderes Inventurverfahren angewendet werden. Die Arbeitsgemeinschaft für wirtschaftliche Verwaltung (AWV) hat zum Thema Sequenzialtest in der Inventur mehrere Schiften veröffentlicht.

Servicegrad (SG) Wahrscheinlichkeit in %, mit der eine zukünftige OoS vermieden werden soll.

Simulationsdaten Daten mit kurzer Halbwertszeit/Gültigkeitsdauer, im Rahmen dieser Aufgabenstellung im Besonderen die zukünftige Bestandszeitreihe einer SKU und der errechnete zukünftige Zustandsverlauf der Belegung von Produktion oder Logistiksystem. Ein Transaktionssystem hat diese Daten i. d. R. nicht, bzw. kann sie nicht genau und schnell genug errechnen bzw. halten.

SKU – Stock Keeping Unit Einheit eines Artikels an einem bestimmten Standort

Soll-Ist-Differenzen Als Sollmengen gelten die im bestandsführenden System gehaltenen Mengen. Diese werden mit den Zählmengen, also den Ist-Mengen, in Verhältnis gesetzt, daraus ergeben sich eventuell Differenzen. Das resultiert in der Folge auch zu Wertdifferenzen, da sich der Wert einer Zählposition durch Menge * Einzelpreis errechnet. Bei der Inventurzählung kommt es sehr häufig zu augenscheinlichen Soll-Ist-Differenzen, die aber nicht immer auf tatsächliche Differenzen zwischen vorhandenem und geführtem Bestand beruhen. Vielmehr sind Zählfehler oder organisatorische Gründe oft der Hintergrund vermeintlicher Differenzen. Deshalb ist es sehr wichtig, nach einer Erstzählung festgestellte Differenzen zu überprüfen. Ansonsten besteht die Gefahr, dass bei der folgenden Korrekturbuchung ein vormals korrekter Bestand nach der Aufnahme in der Bestandsführung verfälscht wird.

Sollmengen Bei der Inventurzählung gilt als Sollmenge die im bestandsführenden System vorgehaltene Menge eines Artikels auf einem definierten Lagerplatz (Lagerposition). Die Sollmenge kann auch als Gesamtmenge eines Artikels sein, der auf verschiedenen Lagerplätzen liegt. Je nach Definition ergibt sich daraus in der Stichprobeninventur das Element der Grundgesamtheit. Üblicherweise wird dies die Lagerposition sein, weil damit der Zählaufwand am geringsten wäre. Ist allerdings die Teilmenge eines Artikels auf einem Lagerplatz nicht bekannt oder eher unsicher, kann auch der Artikel als Element der Grundgesamtheit definiert werden. Dann muss der zu zählende Artikel aber auf allen Lagerplätzen gezählt werden, auf denen er eingelagert ist. Dies gilt im Übrigen auch für die permanente Vollaufnahme: Wird ein Artikel gezählt, muss dies zum Aufnahmezeitpunkt grundsätzlich auf allen Lagerplätzen des Artikels erfolgen.

Stichprobeninventur Ein nach § 241 Abs. 1 HGB zulässiges Verfahren, um die Vollinventur zum Jahresabschluss durch anerkannte mathematisch-statistische Verfahren zu ersetzen. Damit kann der Inventuraufwand auf unter 10 % gesenkt werden, die Fehleranfälligkeit sinkt gleichfalls signifikant. Erstmals wurde diese Inventurform 1977 in das Gesetz aufgenommen, 1981 wurde vom Hauptfachausschuss des Instituts der Wirtschaftsprüfer in einer Stellungnahme ein detailliertes Regelwerk herausgegeben. Ergänzende Ausführungen wurden seit 1980 auch von der Arbeitsgemeinschaft für wirtschaftliche Verwaltung (AWV) veröffentlicht.

Stichprobenumfang Die nötige Stichprobenanzahl, um eine gewünschte Aussagequalität über die Grundgesamtheit zu erhalten. Bei der Stichprobeninventur ist grundsätzlich eine Aussagewahrscheinlichkeit von 95 % gefordert – mehr wird auch bei einer Vollaufnahme nicht erreicht. Der

Stichprobenumfang wird bei Hochrechenverfahren der Stichprobeninventur per Schichtenbildung ermittelt. Dabei wird der Lagerbestand in mehrere Werteschichten aufgeteilt, aus denen die Stichproben zu ziehen sind. In der Regel errechnet das Stichprobeninventursystem ein optimales Schichtenmodell, um die geforderte Aussagequalität mit möglichst wenig Aufwand zu erreichen. Dabei muss das anzuwendende Hochrechenverfahren zugrunde gelegt werden, denn die vier zulässigen Verfahren benötigen unterschiedlich große Stichprobenumfänge, um die geforderte Aussagequalität zu erreichen. Beim Sequenzialtest steht der Stichprobenumfang nicht von vornherein fest, sondern ergibt sich aus dem Zählergebnis. Werden keine Soll-Ist-Differenzen (Fehler) festgestellt, reicht eine Mindeststichprobe von 30 Elementen, unabhängig von der Größe der Grundgesamtheit.

Testat Das Testat einer Stichprobeninventursoftware ist eine Prüfbescheinigung über die korrekte Arbeitsweise. Weder der Gesetzgeber noch das IDW setzen es zwingend für die Stichprobeninventur voraus, in der Praxis jedoch erwarten Wirtschaftsprüfer in der Regel ein testiertes System, mit dem die Stichprobeninventur durchgeführt wird.

Umlaufvermögen Im Gegensatz zum Anlagevermögen, dass sich dauerhaft im Besitz eines Unternehmens befindet, in der Regel Gebäude und Geschäftsausstattung, sind mit Umlaufvermögen alle Vermögensgegenstände, die im Rahmen des Betriebsprozesses zur kurzfristigen Veräußerung, zum Verbrauch, zur Verarbeitung oder zur Rückzahlung bestimmt sind gemeint. Hierzu zählen insbesondere auch Lagerbestände, die im Rahmen der Inventur aufzunehmen sind.

Verbundgruppe Gruppe von SKUs, die mit gemeinsamen SKU-übergreifenden Konditionen beschafft werden müssen. Zum Beispiel, „Mindestbestellwert" ist ein häufiger SKU-übergreifender Grund für eine Verbundgruppe. Ebenso: Anlieferrhythmen, WBZ etc.

Verhältnisschätzung Ermittlung eines Quotienten zwischen Ist- und Buchwert (verzerrte Schätzung). Die Verhältnisschätzung zählt zu den laut IDW anerkannten Methoden für die Hochrechnungs-Stichprobeninventur. Sie gehört zu den sogenannten gebundenen Verfahren und liefert eine höhere Genauigkeit als etwa die Mittelwertschätzung. Daher wird für die Verhältnisschätzung in der Regel ein geringerer Stichprobenumfang benötigt, um die gleiche Aussagequalität wie bei der Mittelwertschätzung zu erreichen.

VKE kleinste Verbrauchs- oder Verkaufseinheit

Vollkosten Alle im Zusammenhang mit einer Aktivität anfallenden Kosten, also auch kalkulatorische. Bei den Inventurkosten werden häufig lediglich anfallen Lohnkosten berücksichtigt, nicht jedoch Kosten für Lagerstillstand oder infolge von Inventurfehlern auftretende Folgekosten. Um Inventurkosten vollumfänglich zu erfassen, müsste daher eine Vollkostenrechnung erstellt werden.

Vor- oder nachgelagerte Inventur Der Gesetzgeber erlaubt es, statt die Inventur am Bilanzstichtag durchzuführen, diese auch bis zu 3 Monate vor und 2 Monate nach dem Bilanzstichtag durchzuführen. Dabei sind die bestände entsprechend zum Bilanzstichtag fortzuschreiben. Diese Regel gilt auch für die Stichtags-Stichprobeninventur.

Verfügbarkeitszeitpunkt (VZP) Verfügbarkeitszeitpunkt. Zeitpunkt eines Auftragseingangs zu dem die Auftragsmenge verbraucht werden kann.

WA, MA Warenausgang (Handel) – Materialausgang (Industrie)

Warenwirtschaftssystem (WWS) Im Unterschied zu einem reinen ERP-System wird im WWS lediglich die Warenwirtschaft verwaltet. Häufig werden beide Systemvarianten parallel eingesetzt, wobei nicht zwingend beide vom gleichen Anbieter sein müssen. Für die Stichprobeninventur bedeutet das, es müssen gegebenenfalls Informationen aus beiden Systemkomponenten an das Inventursystem übergeben werden. Häufig werden Preise im ERP-System verwaltet, Lagerplätze und auf ihnen gehaltene Artikelmengen hingegen im WWS.

Wartungsgebühr Eine übliche Gebühr für IT-Systeme, mit denen Updates und Services abgedeckt werden. Es ist immer sinnvoll, den Umfang der Leistungen in einem Wartungsvertrag genau zu prüfen, da es hier große Unterschiede zwischen den Systemanbietern geben kann.

Wertverteilung Der Wert eines Lagers ist in der Regel nicht linear verteilt, sondern eher in einem Verhältnis 80:20. Das heißt, auf 20 % der Lagerpositionen kommt 80 % des Lagerwertes, 80 % der Positionen bilden die restlichen 20 %. Je nach Charakter der eingelagerten Artikel unterscheidet sich die Wertverteilung von Unternehmen und Branche. Deshalb wird von einem Stichprobeninventursystem zur Ermittlung des nötigen Stichprobenumfangs im Rahmen der Schichtbildung die Wertverteilung analysiert und berücksichtigt.

Wesentlichkeit Ein zentraler Begriff der Wirtschaftsprüfung. Es geht darum, dass sich bei der Abschlussprüfung auf entscheidungserhebliche Sachverhalte konzentriert wird. Bei der Inventur heißt das, die Konzentration wird auf den Wert des Umlaufvermögens gelegt. Werden also bei der Aufnahme Soll-Ist-Differenzen festgestellt, erfolgen Kontrollzählungen vornehmlich im hochwertigen Bereich. Abweichungen im geringwertigen Bereich werden dagegen oft nicht überprüft, obwohl diese durchaus hohe Mengenabweichungen aufweisen können. Da alle festgestellten Zählergebnisse auch gebucht werden müssen, kommt es dadurch nach der Inventur insbesondere bei Vollinventuren zu unsicheren Beständen gerade im geringwertigen Bereich.

Wirtschaftsprüfer Die Aufgabe im Rahmen des Jahresabschlusses eines Unternehmens ist es zu überprüfen und zu bestätigen, dass die Rechnungslegung und die erforderlichen Maßnahmen wie etwa die Inventur den Vorschriften und den Grundsätzen ordnungsmäßiger Buchführung (GoB) entsprechen. Der Jahresabschluss eines Unternehmens muss nach § 316 HGB durch Wirtschaftsprüfer geprüft werden, wenn zwei der folgenden Bedingungen überschritten werden:

Bilanzsumme 6000.000

12.000.000 EUR Umsatzerlöse in den zwölf Monaten vor dem Abschlussstichtag.

Im Jahresdurchschnitt fünfzig Arbeitnehmer.

Literaturhinweise

Arbeitsgemeinschaft für wirtschaftliche Verwaltung (1985). *Sequentialtest für die Inventur mit Stichproben bei ordnungsmäßiger Lagerbuchführung*. Eschborn: AWV-Eigenverlag.
Arbeitsgemeinschaft für wirtschaftliche Verwaltung (2010). *Übersicht über die Inventurverfahren*. Eschborn: AWV-Eigenverlag.
Institut der Wirtschaftsprüfer (1981). *Stichprobenverfahren für die Vorratsinventur zum Jahresabschluss Stellungnahme des Hauptfachausschusses des Instituts der Wirtschaftsprüfer*. Düsseldorf: IDW Verlag.
Institut der Wirtschaftsprüfer (1990). *Stichprobenverfahren für die Vorratsinventur zum Jahresabschluss Stellungnahme des Hauptfachausschusses des Instituts der Wirtschaftsprüfer*. Düsseldorf: IDW Verlag.

Weiterführende Literatur

Arbeitsgemeinschaft für wirtschaftliche Verwaltung (1982). *Permanente Inventur mit Stichproben*. Eschborn: AWV-Eigenverlag.
Arbeitsgemeinschaft für wirtschaftliche Verwaltung (1980). *Sequentialtest für die Inventur von nicht bewegten Lagereinheiten in automatisch gesteuerten Lagersystemen*. Eschborn: AWV-Eigenverlag.

Literaturhinweise

Arbeitsgemeinschaft für wirtschaftliche Verwaltung (1984). *Stichprobeninventur in Vertriebseinrichtungen des Handels*. Eschborn: AWV-Eigenverlag.

Arbeitsgemeinschaft für wirtschaftliche Verwaltung (1978). *Stichprobenverfahren zur Inventur buchmäßig geführter Vorräte im Lagerbereich*. Eschborn: AWV-Eigenverlag.

Cochran WG (1972). *Stichprobenverfahren*. Berlin: Walter de Gruyter.

Piasecki DJ (2003). *Inventory Accuracy People, Processes, & Technology*. Kenosha (Wisconsin/USA): Ops Publishing.

The manufacturer's authorised representative in the EU is Springer Nature Customer Service Centre GmbH, Europaplatz 3, 69115 Heidelberg, Germany. If you have any concerns regarding our products, please contact ProductSafety@springernature.com

Printed and bound by CPI Group (UK) Ltd, Croydon, CR0 4YY

25/03/2026

02078182-0003